Theologie interkulturell
Band 5

Die Reihe „Theologie interkulturell“
wird herausgegeben von „Theologie interkulturell“ e. V.
am Fachbereich Katholische Theologie
der Johann-Wolfgang-Goethe-Universität Frankfurt am Main.

Juan Carlos Scannone

WEISHEIT UND BEFREIUNG

Volkstheologie in Lateinamerika

Patmos Verlag
Düsseldorf

Die Deutsche Bibliothek – CIP-Einheitsaufnahme

Scannone, Juan Carlos:
Weisheit und Befreiung : Volkstheologie in Lateinamerika
Juan Carlos Scannone. – 1. Aufl. – Düsseldorf : Patmos-Verl., 1992
(Theologie interkulturell; Bd. 5)
ISBN 3-491-77930-8
NE: GT

 1. Auflage 1992
Umschlaggestaltung: Peter J. Kahrl, Neustadt/Wied
Typoskript: Guido Knörzer
Druck und Bindung: Lengericher Handelsdruckerei, Lengerich
3-491-77930-8

Inhalt

Vorwort

Die vorliegende Studie wurde als Vorlesungsreihe im Rahmen der Professur "Theologie Interkulturell" an der Johann Wolfgang Goethe-Universität in Frankfurt am Main vorgetragen. Die lateinamerikanische Theologie der Befreiung kann ohne Zweifel als interkulturelle Theologie betrachtet werden. Die lateinamerikanische Kultur - aus der und über die diese Theologie reflektiert - ist eine Frucht der konfliktbeladenen und fruchttragenden Begegnung von verschiedenen (europäischen, indianischen und afrikanischen) Kulturen. Die Befreiungstheologie ist aber auch interkulturell, weil sie sich in einem Dialog bewegt, der zwischen der lateinamerikanischen Volksweisheit der Armen und der modernen Wissenschaft herrscht, eine akademische Theologie, die sich kritisch mit heutigen Weltanschauungen auseinandersetzt und sich der Sozialwissenschaften bedient. Dem Text der Vorlesungen wurden zwei Vorträge (Kapitel 0. und 8.) hinzugefügt, die zur selben Zeit an anderen deutschen Universitäten gehalten wurden. Der Vortrag "Sie wüteten weit grausamer..." dient als Einleitung zum Buch und verbindet es mit der Frage nach der Bedeutung von 500 Jahren Evangelisierung Lateinamerikas für uns alle, Lateinamerikaner und Europäer.
Ich danke dem Fachbereich Katholische Theologie an der Universität Frankfurt für die Einladung, manche wissenschaftliche Anregungen und die liebenswürdige Gastfreundschaft aller Kollegen, Hilfskräfte und Hörer. Ein Wort des Dankes möchte ich auch dem missionswissenschaftlichen Institut Missio e.V. (Aachen) für seine Mitwirkung und die Übernahme des größten Teils der Reisekosten aussprechen. Insbesondere will ich denen danken, die sich für die stilistische Verbesserung des Manuskripts große Mühe gaben, vor allem Herrn Prof. Dr. Hermann Pius Siller und Frau Ulla Hanke wie auch Herrn Prof. Dr. Johannes Hoffmann und Herrn Dr. Guido Knörzer.

Prof. Dr. Juan Carlos Scannone, S.J.

0. "Sie wüteten weit grausamer ..." Die geschichtliche Bedeutung von 500 Jahren Evangelisierung Lateinamerikas

"Sie wüteten weit grausamer ...", lautet ein Zitat, das sich auf das Verhalten von Deutschen in Lateinamerika bezieht. Es ist dem "Kurzgefaßten Bericht von der Verwüstung der Westindischen Länder" entnommen, den Bartolomé de Las Casas (1474- 1566) einst für den spanischen König verfaßte.[1] Dieser Bericht wurde 1542 geschrieben und 1552 veröffentlicht. In seinem Buch über Las Casas schreibt der in Lima lebende und lehrende Theologe und führende Vertreter der lateinamerikanischen Theologie der Befreiung, Gustavo Gutiérrez: "Die Erinnerung an diese Fakten", gemeint ist die gewaltsame und blutige Eroberung des amerikanischen Kontinents, "gefällt den europäischen Nationen nicht."[2] Gutiérrez ruft hier die gelegentliche Beteiligung von Deutschen an der Conquista ins Gedächtnis. Und er fügt hinzu: "Es ist aber wichtig, sich daran zu erinnern, daß man nur in Spanien den Mut hatte, eine bedeutende Debatte über die Legitimität und die Berechtigung der europäischen Anwesenheit in den Westindischen Ländern (d.h. auf dem amerikanischen Kontinent) zu führen."[3]

In dem bereits erwähnten "Kurzgefaßten Bericht", den Las Casas Kaiser Karl V. vorlegte, widmete dieser ein ganzes Kapitel den schlimmen Taten "gewisser deutscher Kaufleute" in Venezuela. Über diese heißt es dort: "Ich denke aber, sie wüteten weit grausamer unter ihnen (gemeint sind die Indianer, J.C.S.), als alle bereits erwähnten Barbaren; ja noch viehischer und rasender, als die blutgierigsten Tiger und wütigsten Wölfe und Löwen. Vor Geiz und Habsucht handelten sie weit toller und verblende-

1 Vgl. *B. de Las Casas*, Kurzgefaßter Bericht von der Verwüstung der Westindischen Länder, hg. v. H.M. Enzensberger, Frankfurt 1981, 84-91, hier 85.

2 Gemeint sind: Spanien, Portugal, Frankreich, England, Holland und Deutschland. Während Spanien und Portugal von Anfang an beteiligt waren, stießen Frankreich, England und Holland erst später hinzu. Deutschland beteiligte sich nur sporadisch.

3 Vgl. *G. Gutiérrez*, Dios o el oro en las Indias (s. XVI), Lima 1989, 11.

ter, als alle ihre Vorgänger, ersannen noch abscheulichere Mittel und Wege, Gold und Silber zu erpressen, setzten alle Furcht vor Gott und dem Könige, und alle Scham vor Menschen hinten an; und da sie so große Freiheiten genossen, und die Jurisdiktion des ganzen Landes in Händen hatten, so vergaßen sie beinahe, daß sie Sterbliche waren."[4]

Der Bericht handelt von deutschen Handelsvertretern des Bartholomäus Welser in Venezuela. Das Augsburger Bankhaus Welser hatte nicht nur die Wahl finanziert, aus der Karl der V. als Kaiser hervorging, sondern auch bedeutende überseeische Unternehmungen der spanischen Krone immer wieder finanziell unterstützt. Als Gegenleistung überließ der Kaiser Bartholomäus Welser 1526 "feierlich, urkundlich und auf ewige Zeiten", so der Wortlaut der Schenkung, "ein ganzes großes Reich ..., Venezuela nämlich nebst der Verwaltung desselben, und allen dazugehörigen Gerechtsamen."[5] Diese Schenkung wurde durch den Kaiser jedoch bereits 1545 - vermutlich unter dem Einfluß des Berichtes von Las Casas - wieder aufgehoben. Welser entsandte vier deutsche Generalvertreter nach Venezuela. 300 spanische Soldaten wurden für dieses Unternehmen angeworben. Ihr Befehlshaber war Ambrosius Dalfinger aus Ulm. Ihm zur Seite standen dessen Bruder Heinrich Dalfinger, Hieronymus Sailer und Johann Aleman.[6]

Eindrücklich beschreibt Las Casas die Folgen der Eroberung des Landes durch die Deutschen: "Verwüstung und Entvölkerung infolge der Flucht der einheimischen Bevölkerung, Festnahme und Folterung der indianischen Oberherren in der Absicht, Gold von ihnen zu erpressen, und viele andere, noch weit grausamere Taten." Las Casas spart nicht an Schimpfworten, wenn es darum geht, das Verhalten Dalfingers und seiner Gefährten zu beschreiben. Er spricht von Dalfinger als "dem tyrannischen Befehlshaber der Deutschen" bzw. "ihrem satanischen Befehlshaber". Daneben nennt er ihn "den tyrannischen deutschen Gouverneur" oder auch "höllischen Tyrann". An anderer Stelle heißt es: .".. und wir halten ihn überdies für einen Ketzer; denn er

4 Vgl. *Las Casas*, Kurzgefaßter Bericht, 85f.

5 Ebd. 85 und 122 (Anm. 41)

6 Vgl. *J. Friede*, Los Welser en la conquista de Venezuela, Caracas-Madrid 1961.

hörte nie Messe, erlaubte auch andern nicht sie zu besuchen."[7] In bezug auf die gesamte deutsche Truppe spricht Las Casas von "deutschen Barbaren", "viehischen Tyrannen" usw. Die vielen Beispiele von Habgier und Grausamkeit, die Las Casas erzählt, will ich jetzt nicht im Detail berichten. Erwähnen möchte ich hier nur noch, daß für Las Casas Ambrosius Dalfinger der zur damaligen Zeit schlimmste Tyrann in Venezuela gewesen ist. Dies geht etwa aus folgender Berichterstattung hervor, in der es über Dalfingers Nachfolger heißt: .".., daß sie selbst, so sehr sie auch immer Tyrannen und Wüteriche waren, sich der Verwunderung und des Erstaunens nicht enthalten konnten, als sie die Spuren bemerkten, die dieses Landverderben zurückgelassen hatte."[8] Diese wenigen Zitate von Las Casas können dazu beitragen, daß sich nicht nur Lateinamerikaner und Spanier bzw. Portugiesen, sondern alle Christen (einschließlich der deutschen) nach der Bedeutung dieser mittlerweile 500 Jahre währenden Evangelisierung Lateinamerikas (bzw. des gesamten amerikanischen Kontinents) fragen. Denn diese Sache geht mit ihren Licht- und Schattenseiten uns alle an.

Das Dokument von Puebla spricht von dem "schmerzhaften Zusammenfluß der verschiedensten Kulturen und Rassen", die in Lateinamerika eine neue Mischform ethnischer Gruppen, Existenz- und Denkformen" ermöglichte.[9] Und es fügt hinzu: "Die Entstehung von Völkern und Kulturen ist stets eine dramatische Entwicklung voller Licht- und Schattenseiten."[10]

Wenn wir diese Licht- und Schattenseiten, diese zweideutige, schmerzhafte und trotzdem heilbringende Geschichte theologisch auslegen wollen[11], müssen wir die Heilskategorien von Sünde und Gnade verwenden und mit Paulus anerkennen, daß

---

7 Vgl. *Las Casas*, Kurzgefaßter Bericht, 87f.

8 Ebd. 89.

9 Vgl. Die Evangelisierung Lateinamerikas in Gegenwart und Zukunft. Dokument der III. Generalkonferenz des Lateinamerikanischen Episkopates. Puebla 26.1.-13.2.1979. Deutsche Übersetzung der durch den Hl. Vater approbierten Texte, hg. v. Sekretariat der Deutschen Bischofskonferenz, Bonn 1979, Paragraph 5 (im folgenden zitiert als: DP unter Angabe des jeweiligen Paragraphen).

10 Vgl. DP 6.

11 Zu diesem Sachverhalt siehe auch: *M. Sievernich*, 500 Jahre Evangelisierung Lateinamerikas aus der Sicht der europäischen Theologie, in: Ordenskorrespondenz 30 (1989), 409-428.

dort, "wo ... die Sünde mächtig wurde, ... die Gnade übergroß geworden" ist (Röm 5,20). Ich meine, daß die Erinnerung an 500 Jahre Evangelisierung sowohl ein Schuldbekenntnis als auch eine Danksagung einschließen muß. Darüber hinaus stellt sie eine neue Herausforderung für uns alle dar. Denn weder die goldenen noch die schwarzen Legenden vermögen eine zureichende Perspektive zu bieten, die Geschichte von 500 Jahren Evangelisierung in ihrer Bedeutung für uns heute zu interpretieren. Wir müssen sie, soweit es möglich ist, aus der Perspektive des Glaubens, genauer gesagt: mit armen Augen und mit den Augen der Armen betrachten. Es ist wichtig, sowohl die Schuld der Eroberung nicht zu vergessen als auch und insbesondere darauf zu achten, wie das lateinamerikanische Volk die Folgen dieser Eroberung verarbeitet hat.

In seinem Buch über Las Casas zitiert Gutiérrez einen Text von Mariátegui. Dieser lautet: "Die Eroberung, so schlecht sie gewesen ist, ist ein historisches Faktum ... Gegen die historischen Fakten vermögen die abstrakten Gedanken des Verstandes oder die reinen Konzepte des Geistes wenig oder nichts ... In vier Jahrhunderten ist eine neue Wirklichkeit entstanden."[12]

Und während eines Podiumsgespräches zum Thema "500 Jahre Evangelisierung Lateinamerikas", das 1987 in Lima stattfand und an dem neben Gutiérrez und einigen anderen auch Manuel Marzal teilnahm, verwies dieser auf "die Verarbeitung der Eroberung, die sowohl die Menschen der Kirche als auch die Indianer zu leisten hatten."[13] Die Verarbeitung des Traumas der Eroberung verdient also, wie ich meine, mindestens ebensoviel Aufmerksamkeit wie das Trauma selbst. In dem soeben erwähnten Podiumsgespräch in Lima 1987 wurden drei Positionen der damaligen Missionare beschrieben. Sodann wurde auf die Verarbeitung der Eroberung durch die Eroberten selbst hingewiesen.

Nach Beendigung der Eroberungskriege stellte das Konzil von Lima 1551 die Frage nach dem Weg einer systematischen Evangelisierung der Indianer. Dabei kristallisierten sich drei Positionen heraus, die typisch für die Evangelisierung im Kontext der Conquista gewesen sind. (1) Da waren zum einen die Schüler

12 Vgl. *Gutiérrez*, a.a.O. (s. Anm. 3).

13 Vgl. 5. Centenario de la Evangelización: significado y perspectivas, in: Páginas 12 (1987), 4-16, hier 6.

und Nachfolger von Las Casas, die sich für ein Evangelisierungsprogramm aussprachen, das auf jegliche Eroberung verzichtete. Wie Gutiérrez in seinem Buch betont, muß der Einfluß von Las Casas auf viele Missionare so groß gewesen sein, daß der spätere Vizekönig Toledo sich veranlaßt sah, die Ideen von Las Casas ausdrücklich zu widerlegen, da sie sich für das Kolonialsystem als gefährlich erwiesen.

Somit ist es also Las Casas zu verdanken, daß die Frage nach der Berechtigung der Eroberung Lateinamerikas durch die spanische Krone in theologischer, ethischer und juridischer Hinsicht aufgeworfen wurde; daß ferner König Ferdinand eine Kommission berief, die sich mit der "indianischen Frage" befassen sollte, und daß Karl V. 1542 schließlich die "Neuen Indiengesetze" erließ, im Zuge derer die Zwangsarbeit der Indianer und das Encomienda-System abgeschafft wurde. Es entstand sogar die Legende, daß der Kaiser unter dem Einfluß von Las Casas die Eroberung ganz aufgeben wollte. Leider jedoch sind diese "Neuen Indiengesetze" wegen des erbitterten und organisierten Widerstandes der Encomenderos einige Jahre später dann durch eben diesen Kaiser wieder aufgehoben worden. Nichtsdestoweniger wirkten die Dominikaner aus der Hispaniola, Las Casas und die durch ihn entstandene Bewegung darauf hin, daß das Recht des Königs auf die neuen Länder und das Recht des Papstes auf eine Weltteilung in Frage gestellt und die Rechte der Indianer als Menschen und als Völker verteidigt wurden. So ist das Völkerrecht bei Vitoria und Suárez entstanden. (2) Die zweite Position wurde durch die Jesuiten vertreten, die, ähnlich wie Las Casas in Veracruz, ihrerseits nun in Paraguay versuchten, die Utopie einer Evangelisierung ohne Eroberung zu verwirklichen. Unter der symbolischen Herrschaft der spanischen Krone und unter Aufrechterhaltung der Autonomie der indianischen Oberherren sowie unter dem Schutz der Patres evangelisierten die Jesuiten in Paraguay die Indianer außerhalb des Kolonialsystems. Die prophetische Position von Las Casas und die utopische der Jesuiten waren gewissermaßen verwandt. Denn beide fußten nicht nur auf einer persönlichen, sondern darüber hinaus auf einer strukturellen, einer institutionellen und einer gesetzlichen Grundlage. Leider sind beide wegen des Widerstandes ihrer Gegner gescheitert; aber sie bezeugen die Haltung vieler Bischöfe und Missionare, die sich für die Rechte der Indianer als Personen und Völker einsetzten und sich im Zuge dessen Verfolgungen und Verleumdungen sowie dem Exil und dem Tod aussetzten. Unter ihnen befanden sich auch deutsche bzw. österreichische Missionare, die zum Beispiel in den Jesuitenreduktionen und Jesuitenmissionen tätig gewesen sind. Ich möchte hier besonders P. Paucke und P. Dobrizhofer in Argentinien erwähnen.

Repräsentativ für das innerhalb der Kolonialkirche herrschende Missionsverständnis waren jedoch weder der prophetische Protest noch die Utopie der Jesuitenreduktionen. Historisch bedeutsam wurde vielmehr eine dritte Strömung, die sich dadurch auszeichnete, daß sie die Eroberung so weit wie möglich zu humanisieren versuchte. Trotz ihres ambivalenten Ansatzes zeitigte diese Haltung bemerkenswerte Ergebnisse. Denn die Indianer, so Marzal, eigneten sich das Christentum nicht widerspruchslos an, sondern wußten zwischen Evangelisierung und Eroberung sehr wohl zu unterscheiden. Entscheidend ist meiner Ansicht nach die Tatsache, daß die Indianer den durch die Vermischung der verschiedenen Kulturen entstandenen Volkskatholizismus als den Kern ihrer neuen Identität und ihres kulturellen Widerstandes erfuhren. Gutiérrez ist der Auffassung, daß dieser Widerstand eine Frucht des christlichen Glaubens ist. Die Verarbeitung der Eroberung durch die Eroberten selbst ist also von weit größerer Bedeutung als deren Aufarbeitung durch die Missionare. Als einen bedeutenden Zeugen möchte ich hier den indianischen Chronisten Guamán Poma de Ayala nennen, der seine "Neue Chronik" aus der Perspektive christlich getaufter Indianer schrieb.[14] Guamán Poma de Ayala benutzte die christliche Botschaft, um die Eroberung scharf zu kritisieren und die Rechte des indianischen Volkes zu verteidigen. Nach Gutiérrez ist er ein echter Nachfolger von Las Casas. Und Marzal betont, daß Guamán Poma de Ayala die Haltung vieler evangelisierter Indianer widerspiegelt, die zwar das Christentum annahmen, die Eroberung jedoch verwarfen. Es ist bemerkenswert, daß die ersten indianischen Aufstände, wie z.B. die von Wilcabamba oder Taqui Onguy, im 14. Jahrhundert im Namen der alten Götter stattfanden, während zwei Jahrhunderte später die Aufstände von Juan Santos Atahualpa und Tupac Amaru in Peru oder die der Guarani-Dörfer in Paraguay im Namen des christlichen Got-

---

14 Vgl. *F. Guamán Poma de Ayala*, Nueva crónica y buen gobierno (3 Bd.), México 1983.

tes und unter Berufung auf christliche Werte durchgeführt wurden. Die christliche Botschaft bildete die Grundlage für das Selbstverständnis der Aufständischen und ihren Anspruch auf Befreiung und Gleichberechtigung. Ähnlich war es später bei dem Mischvolk in Mexiko, das sich zusammen mit Pfarrer Hidalgo für die Befreiung unter der Fahne Unserer lieben Frau von Guadalupe einsetzte.

Die Annahme des Christentums durch die große Mehrheit der Eingeborenen wie auch durch die Mischlinge und die Kreolen bildet das Fundament des heutigen lateinamerikanischen Volkskatholizismus. Trotz mancher Entfremdung ist dieser Volkskatholizismus Lateinamerikas sowohl Frucht der Evangelisierung als auch Kern des kulturellen Widerstandes des Volkes gegen die Unterdrückung. So deuten ihn jedenfalls viele kulturanthropologische, religionssoziologische und pastoraltheologische Untersuchungen der letzten Jahre. Darüber hinaus bildet dieser Volkskatholizismus in Lateinamerika die spirituelle Grundlage der Befreiung in den kirchlichen Basisgemeinden, Bibelkreisen und anderen christlichen Volksgruppen. Ein wichtiges Zeugnis dieser Volksspiritualität ist zweifelsohne das 1986 in deutscher Sprache erschienene Werk Gustavo Gutiérrez' "Aus der eigenen Quelle trinken."[15] Das arme und glaubende lateinamerikanische Volk in Basisgemeinden übernimmt die christliche geschichtliche Befreiungspraxis, ohne auf seine herkömmliche Volksfrömmigkeit zu verzichten. Diese wird von innen heraus erneuert und tiefer evangelisiert.

Die prophetische Sicht von Las Casas, die utopische Vision der Jesuiten und die Verarbeitung der Eroberung durch die Indianer selbst sind also immer noch aktuell und können von daher dazu dienen, die Evangelisierung Lateinamerikas als eine an uns gerichtete Herausforderung, genauer gesagt als eine Herausforderung zur prophetischen Anklage, zur Utopie und zur konkreten Umgestaltung der ungerechten Verhältnisse von unten her begreifen zu lernen. Im Rahmen des bereits erwähnten Podiumsgespräches in Lima 1987 wies Gutiérrez darauf hin, daß Las Casas, indem er die Perspektive der Armen und das hieß in seinem Fall: der Indianer, übernahm, seinen Standpunkt wechselte. Umkehr

---

15 Vgl. *G. Gutiérrez*, Aus der eigenen Quelle trinken. Spiritualität der Befreiung, München-Mainz 1986. Siehe dazu auch Kapitel 3 der vorliegenden Studie.

und Perspektivenwechsel dürften auch für uns, Lateinamerikaner wie Europäer, die Vorbedingungen für ein tieferes Verständnis des bevorstehenden 500-jährigen Jubiläums der Evangelisierung Lateinamerikas sein. Ein solcher Perspektivenwechsel läßt vieles anders in den Blick geraten. Ich meine hier nicht nur unsere Betroffenheit angesichts der vielen Menschenrechtsverletzungen und der strukturellen Armut und Ungerechtigkeit in Lateinamerika. Was dies betrifft, so gehe ich davon aus, daß dieser Weg bereits beschritten wird. Vielmehr denke ich hier vor allem an die Autorität und das Lehrpotential der Armen, die trotz mancher eventuellen Zweideutigkeit uns Lateinamerikanern und uns Europäern ihre neue Art, Kirche Jesu Christi zu sein, ihre Art und Weise der geistlichen und geschichtlichen Auslegung der Schrift, ihre Volksweisheit und Volksfrömmigkeit, ihre Gestaltung von neuen demokratischen Freiheitsräumen in den Basisgemeinden, ihren neuen Stil der Ausübung von Autorität in Kirche und Gemeinschaft usw. als Lehre vor Augen stellen. Ähnlich wie die akademische Theologie die Theologie der Befreiung anerkennt, so sollte sich die ganze Kirche durch die Zeichen der Zeit in Lateinamerika und durch die Weisheit und Spiritualität des armen und glaubenden lateinamerikanischen Volkes belehren lassen.

Das Wort des Apostels Paulus: "Wo die Sünde mächtig wurde, da ist die Gnade übergroß geworden", weist uns in gewisser Weise den Weg. Wir müssen uns sowohl durch die historische und die heutige Schuld als auch durch die auch noch in unseren Tagen, insbesondere unter den Armen, wirkende Gnade herausfordern lassen und uns darüber hinaus bereit finden, von ihnen, den Armen, neue Perspektiven zu übernehmen wie auch neue Lebenshaltungen und die Umgestaltung von Gesellschaft, Kirche und Theologie zu lernen. Vielleicht stellen das neue Pfingstereignis von Medellin und Puebla sowie das bevorstehende Jubiläum nicht nur für die lateinamerikanische Kirche, sondern für die Kirche im ganzen und für jede Gesellschaft eine neue christliche Herausforderung dar. Aus meiner eigenen Erfahrung sind mir vier verschiedene Haltungen bekannt, die unter Mitteleuropäern in bezug auf die lateinamerikanische Pastoral, die Theologie und die Philosophie verbreitet zu sein scheinen.

In einigen Fällen ist es der Reiz des Exotischen, der das Fremde interessant erscheinen läßt. Das Fremde ist hier nichts weiter als ein Souvenir, als welches es dann auch behandelt wird, andere scheinen sich für Lateinamerika vorwiegend deshalb zu interessieren, weil ihnen an einer kritischen Haltung gegenüber Gesellschaft, Theologie und offizieller Kirche gelegen ist. Eine dritte Haltung öffnet sich ehrlicher für den Fremden, den Anderen, den Armen und manifestiert sich nicht selten in selbstlosem Engagement für diesen. Es gibt nun aber noch eine vierte Haltung, die die soeben beschriebene zwar einschließt, gleichzeitig jedoch überwindet. Hier geht es darum, nicht nur etwas für die Armen zu tun, sondern zugleich auch von ihnen zu lernen, was die Bereitschaft voraussetzt, die Armen sowohl um ihrer selbst willen ernst zu nehmen als auch die eigenen Lebens- und Denkmuster von dort her hinterfragen zu lassen.

Ich habe beobachtet, daß in Europa vielerorts zwar die Werke der lateinamerikanischen Befreiungstheologie und Befreiungsphilosophie und ebenso die lateinamerikanische Volksspiritualität und Volkspastoral ernst genommen werden, die überwiegende Mehrheit der Rezipienten dies alles jedoch vornehmlich im Hinblick auf die Mission und ein besseres Verständnis Lateinamerikas und weniger in bezug auf das eigene europäische Denken und Leben für bedeutend hält. In einigen deutschen Universitätsbibliotheken werden die Werke der Befreiungstheologie in die Abteilung für Missionswissenschaft eingeordnet, nicht jedoch in die Abteilungen der einzelnen theologischen Disziplinen, die Exegese, Fundamentaltheologie bzw. Dogmatik usw.

Das Jahr 1992 ist nicht nur das Jahr des Buß- bzw. Dankjubiläums der Evangelisierung des amerikanischen Kontinents. Es ist auch das Jahr, in dem der europäische Binnenmarkt entstehen soll. Entsprechend könnte dieses Datum dann auch für zwei verschiedene Haltungen Europas stehen, und zwar zum einen für eine größere Geschlossenheit Europas, verbunden mit einer Haltung der Selbstgenügsamkeit, und zum anderen für eine größere Offenheit gegenüber den Armen in der Dritten Welt, nicht zuletzt in Lateinamerika. Die lobenswerte Bereitschaft vieler Europäer, auf Imperialismus, Kolonialismus und Ethnozentrismus zu verzichten, darf nicht mit einer Abkapselung oder Isolierung einhergehen. Eine rein innereuropäisch orientierte Haltung würde denn auch auf Unverständnis stoßen, und zwar nicht nur, weil Europa am Evangelisationsprozeß Lateinamerikas wie auch an der Eroberung des amerikanischen Kontinents beteiligt gewesen ist und eine solche Geschichte mit ihren Lichtern und Schatten nicht einfach vergessen gemacht werden kann, sondern auch, weil die europäischen Christen in den armen Völkern dieser Erde sowie in den Armen aller Völker den Ruf Jesu Christi vernehmen können, der vieles in Frage stellt und Neues lehren will. So kann das Engagement für die Armen und die Umgestaltung der ungerechten internationalen Strukturen letztlich ein Umdenken in bezug auf die Lebensgestaltung der europäischen Bevölkerung bewirken. Und hier geht es dann gewiß auch um die Veränderung der Strukturen des internationalen Handels und des internationalen Kreditwesens. Die Christen müßten sich dafür einsetzen, daß bestehende ungerechte Mechanismen radikal geändert und gerechter gestaltet werden, auch wenn damit der Verzicht auf einen gewissen Lebensstandard verbunden ist. Die Ereignisse des Jahres 1989 in Osteuropa, nicht zuletzt in Ostdeutschland, stehen m.E. in einer engen Verbindung mit den Ereignissen in Lateinamerika, und beide können christlich und theologisch zusammengedacht werden. Denn in beiden Fällen gab bzw. gibt es strukturelle Ungerechtigkeit, Menschenrechtsverletzungen, Unterdrückung, Volksbewegungen auf der Suche nach Freiheit und Befreiung, Volkssymbole und nicht zuletzt eine elementare Weisheit des Volkes, das weiß, was unmenschlich und ungerecht ist, und von daher imstande ist, eine menschlichere Gesellschaft zu fordern und zu erahnen.

Ich wurde des öfteren gefragt, wie eine deutsche Theologie der Befreiung aussehen könnte. In meinen Antworten habe ich dann immer wieder auf den Aufbruch und die Praxis des an Ungerechtigkeit leidenden Volkes sowie an das geschichtlich Neue in Ostdeutschland hingewiesen, das im Licht des Evangeliums und mit Hilfe der Human- und Sozialwissenschaften kritisch zu reflektieren ist. Eine solche theologische Reflexion jedoch müßte - in Europa ebenso wie in Lateinamerika - die Volksbewegungen und die Bewegungen im Volk sowie die Zeichen der Zeit und das Wirken des Geistes Gottes überall auf der Welt im Licht der Heiligen Schrift deuten. Nur dann nämlich werden wir die Zeichen der Zeit in ihrer christlichen Herausforderung neu verstehen lernen.

Eine solche Reflexion würde auch die Gefahr vermeiden helfen, daß in Lateinamerika oder in Europa Welt und Kirche als

Ganze irgendwann aus dem Blick geraten, weil man hier wie dort nur noch mit sich selbst beschäftigt ist. Eine solche Reflexion könnte auch zu einem besseren Verständnis der in Puebla und Medellin geforderten neuen und befreienden Evangelisierung Lateinamerikas respektive der ganzen Welt beitragen.

Es gibt einen Weg, zum Prozeß der Befreiung Lateinamerikas von Europa und von Deutschland aus beizutragen. Ein solcher Beitrag würde auch der Vorbereitung des 500-jährigen Jubiläums dienen, und zwar insofern, als dieses dann in einer Atmosphäre der Achtung der grundlegenden Menschenrechte gefeiert werden könnte.

Im November 1989 wurde Pater Ignacio Ellacuría, ein bedeutender Philosoph und Vertreter der lateinamerikanischen Theologie der Befreiung, zusammen mit fünf weiteren Jesuiten und zwei Haushälterinnen in San Salvador ermordet. Etwa drei Wochen vor seiner Ermordung hatte Pater Ellacuría die Bundesrepublik besucht und dort einige Vorträge gehalten. So war er u.a. auch in Bonn gewesen, wo er dem Ausschuß für wirtschaftliche Zusammenarbeit des Deutschen Bundestages ein Memorandum vorgelegt hatte, das eine Reihe von Bedingungen enthielt, von denen die Entwicklungshilfe für El Salvador seiner Meinung nach abhängig gemacht werden sollte. Denn die Bundesrepublik war bis zu diesem Zeitpunkt dasjenige Land, von dem El Salvador nach den USA finanziell am meisten unterstützt wurde. Erst dank des Drucks der öffentlichen Meinung in Deutschland aus Anlaß der verbrecherischen Tat an acht Menschenleben wurden diese Gelder schließlich eingefroren. Im Rahmen seines Memorandums hatte Ellacuría folgende Forderungen gestellt:

"Die bevorzugte Hilfe sollte über nicht regierungsgebundene Organisationen laufen, was der deutschen Regierung eine größere Freiheit läßt und was die Hilfe direkter und mit größerem Nutzen dem salvadorianischen Volk zukommen läßt, immer vorausgesetzt, daß die Kanäle gut gewählt werden. In dieser Linie muß Freiheit gefordert werden, daß die verantwortlichen Institutionen, wie die Kirchen, über ihre Hilfe verfügen und ihre Projekte verwirklichen, unabhängig von mehr oder weniger Präsenz des FMLN und ihrer Sympathisanten in den Gebieten der Hilfen.

Die Hilfe von Regierung zu Regierung sollte mit Bedingungen versehen sein, um politisch Druck ausüben zu können auf die politische und wirtschaftliche Lösung der fundamentalen Probleme von El Salvador: a) eine Verhandlungslösung des Konfliktes mittels ernsthafter Anstrengungen, deren Ernsthaftigkeit garantiert sein müßte durch Beobachter und durch andere Untersuchungsinstanzen des Landes; b) Verbesserung der Menschenrechtssituation, dergestalt, daß die Hilfe zurückbehalten würde, wenn nach einer Auswertung alle sechs Monate sich keine fortwährende und bemerkenswerte Verbesserung feststellen läßt; c) Fortsetzung des Demokratisierungsprozesses in bezug auf die Aktivität der Parteien, der Gewerkschaften, der Gemeinden und der Kirchen; d) die Verbesserung des Justizsystems ist Problem auf längere Sicht; f) Kontrolle im Umgang mit den Fonds und ihrer Wirksamkeit, damit das unter der christdemokratischen Regierung Vorgekommene nicht wieder passiert."[16]

500 Jahre Evangelisierung Lateinamerikas - das ist eine Geschichte von Schuld und Gnade. Im Licht des Glaubens betrachtet ist dieses Jubiläum nicht nur eine Gelegenheit zum Bekenntnis begangener Schuld und zur Danksagung für die übermächtige Gnade und ihre Wirkung, insbesondere unter den Armen, sondern darüber hinaus auch eine Gelegenheit für Anerkennung jener neuen Gnade, die in Medellin und nach Medellin durch den "Einbruch der Armen" in Gesellschaft, Kirche und Theologie in Lateinamerika der ganzen Kirche zuteil wurde. Hier ist von uns allen ein Perspektivenwechsel gefordert, bei dem es darum geht, den Standpunkt der Anderen, der Fremden, der Armen einzunehmen. Ein besseres Wissen um das Anliegen der Theologie der Befreiung und ihren inneren Bezug zur Volksweisheit der Armen in Lateinamerika dürfte dabei von großem Nutzen sein.

Denn die Theologie der Befreiung stellt den ersten spezifisch lateinamerikanischen Beitrag zur Theologie im allgemeinen dar. Durch sie und durch die mit ihr entstandene Diskussion hat sich die Kirche in Lateinamerika in einen weltweiten theologischen Dialog eingebracht; durch ihren Einfluß sind Theologien der Befreiung in anderen Kulturgebieten oder Kontinenten entstanden, so z.B. auf den Philippinen, in Asien, in Afrika oder bei den me-

---

16 Auszug aus dem weiter oben genannten Memorandum.

xikanischen Amerikanern in den USA. Darüber hinaus wurden einige ihrer Gesichtspunkte und Themen, wie z.B. die Kategorien "soziale Sünde" und "Strukturen der Sünde"[17], sogar seitens des kirchlichen Lehramtes übernommen. Die Theologie der Befreiung ist selbst bereits das Ergebnis eines interkulturellen Dialogs. Sie verdankt ihr Entstehen der Begegnung zwischen der Theologie des II. Vatikanischen Konzils und der europäischen nachkonziliaren Theologie mit der sozialen, religiösen und geschichtlich-kulturellen Lage Lateinamerikas und den lateinamerikanischen Kulturen. In diesem Zusammenhang kam es dann nicht nur zu einem Dialog mit der nachkonziliaren Theologie in Europa, sondern darüber hinaus auch zu einer kritischen Auseinandersetzung mit dieser.

---

17 Vgl. *M. Sievernich*, Konturen einer interkulturellen Theologie, in: Zeitschrift für Katholische Theologie 110 (1988), 257-284, bes. 271ff.

1. Entstehung der Theologie der Befreiung

1.1 Beschreibung der Atmosphäre ihrer Entstehung

Seit Mitte der 60er Jahre begünstigte eine Reihe von Umständen die Entstehung der Theologie der Befreiung.[1] Das II. Vatikanische Konzil bedeutete nicht nur die Öffnung der Kirche auf die moderne Welt und auf den heutigen Menschen hin, vielmehr bediente es sich vor allem in der Pastoralkonstitution Gaudium et Spes (GS) - einer neuen Methode, die Zeichen der Zeit theologisch zu interpretieren. Die historische Realität wurde theologisch unter Verwendung der durch die katholische Arbeiterjugend entwickelten Methode des "Sehens, Urteilens, Handelns" betrachtet und so im Lichte des Glaubens ausgelegt.

Darüber hinaus wuchs in Gesellschaft und Kirche Lateinamerikas damals das Bewußtsein der strukturellen Unterentwicklung des Subkontinents, der ungerechten Armut, der einseitigen Abhängigkeit und der institutionalisierten Gewalt. Dementsprechend entstanden damals in den lateinamerikanischen Sozialwissenschaften verschiedene Dependenztheorien.[2] Diese suchten die Unterentwicklung Lateinamerikas nicht als einen Rückstand in der kapitalistischen Entwicklung zu begreifen, sondern werteten diese als ein Ergebnis des Kapitalismus, genauer gesagt als einen peripheren und abhängigen Kapita-

---

1 Zur Entstehung der Befreiungstheologie vgl. *G. Gutiérrez*, Theologie der Befreiung, München-Mainz 1973, 74-120 (im folgenden zitiert als: Gutiérrez, TdB); M. Manzanera, Teología, salvación y liberación en la obra de *G. Gutiérrez*, Bilbao 1978, 14ff; R. Oliveros, Liberación y teologia. Génesis y crecimiento de una reflexión 1966-1977, Lima 1977.

2 Vgl. *G.-D. Fischer*, Abhängigkeit und Protest. Der gesellschaftliche Kontext der neuen lateinamerikanischen Theologie, in: P. Hünermann, G.D. Fischer, Gott im Aufbruch. Die Provokation der lateinamerikanischen Theologie, Freiburg 1974, 25-38; *N.Werz*, Zur Entwicklung der Sozialwissenschaften in Lateinamerika, in: P. Hünermann, M. Eckholt, Katholische Soziallehre - Wirtschaft - Demokratie. Ein lateinamerikanisch-deutsches Dialogprogramm I, Mainz-München 1989, 255-326, bes. 275-300 (dort weitere Literaturhinweise).

lismus. Es darf auch nicht vergessen werden, daß sich die kubanische Revolution damals dem ganzen Subkontinent als Beispiel anbot, was zur Verbreitung des Guerillakrieges beitrug.

Im Jahre 1968 fand ein Ereignis statt, das für die ganze lateinamerikanische Kirche ausschlaggebend gewesen ist und darum auch mit dem Pfingstereignis verglichen wurde; gemeint ist die Bischöfliche Vollversammlung von Medellin (Kolumbien), die sich mit der Anwendung des Konzils in Lateinamerika beschäftigte. Durch den unmittelbaren Einfluß der Enzyklika Populorum Progressio (1967) und der Bischofsversammlung in Mar del Plata (Argentinien) wurde das Problem der "allumfassenden Entwicklung" zu einem der Hauptthemen von Medellin. Doch ging man bereits in Medellin und nach Medellin verstärkt dazu über, weniger den Aspekt der Entwicklung als vielmehr den der Befreiung zu betonen. Aus dieser Perspektive heraus sprechen die Hauptdokumente der Versammlung "Armut der Kirche" und "Gerechtigkeit und Friede", insofern diese die geschichtliche Lage Lateinamerikas als eine "Situation der Sünde" und der "institutionalisierten Gewalt" beschreiben. Dementsprechend wurde die Notwendigkeit des "Strukturwandels" und der "Befreiung von jedweder Situation der Unterdrückung" durch die Dokumente von Medellin anerkannt.[3] In dieser Zeit nun und innerhalb dieser geistigen Atmosphäre entstand die Theologie der Befreiung.

1.2 Unmittelbare Vorbereitung

Das II. Vatikanische Konzil bildete den äußeren Anlaß für ein Zusammentreffen mehrerer bedeutender lateinamerikanischer Theologen. So konnte das Bewußtsein für die kontinentale Einheit wachsen. Aber schon vor Medellin gab es Wegbereiter, die versuchten, theologisch über die lateinamerikanische Realität zu reflektieren. Hier sind vor allem Gustavo Gutiérrez aus Peru, Juan Luis Segundo aus Uruguay, Lucio Gera aus Argentinien und Joseph Comblin aus Belgien zu nennen. 1964 fand in Petrópolis (Brasilien) ein erstes Treffen lateinamerikanischer Theologen statt, an dem bis auf Joseph Comblin alle der soeben Ge-

---

3 Vgl. Segunda Conferencia General del Episcopado Latinoamericano, La Iglesia en la actual transformación de América Latina a la luz del Concilio I: Ponencias, II. Conclusiones, Bogotá 1968.

nannten teilnahmen. Einer der Beweggründe dieser Begegnung war der ausdrückliche Wunsch, die geschichtliche Problematik der Kirche in Lateinamerika theologisch zu untersuchen.[4]

Die explizite Formulierung des Ausdrucks "Theologie der Befreiung" findet sich erstmals bei Gustavo Gutiérrez. Er ist nicht nur Universitätsprofessor, sondern auch Seelsorger. Zunächst begann er über jene Theologie nachzudenken, die in den verschiedenen Bereichen der pastoralen Praxis in Lateinamerika damals implizit vorhanden war. Er faßte die Theologie als kritische Reflexion über das Wirken der Kirche in der Welt im Licht des Glaubens auf. Er bevorzugte die sogenannte "prophetische Pastoral" mehrerer Gruppen der lateinamerikanischen Kirche, die sich für die Armen und deren Befreiung engagiert hatten, und setzte eine solche pastorale Option und die ihr zugrundeliegende Theologie anderen pastoral-theologischen Richtungen entgegen. Auf diese Weise entstand zum ersten Mal das, was wir Befreiungstheologie nennen.[5]

1.3 Zur Entstehung der Theologie der Befreiung

Zwei weitere Schritte folgten darauf, die zur eigentlichen Entstehung der Theologie der Befreiung führten. Die Auffassung des Engagements für die Armen als Praxis der Befreiung fand in dem von Gutiérrez geprägten Ausdruck "Theologie der Befreiung" kurz vor Medellin (1968) ihren Niederschlag.[6] Dabei wurde "Befreiung" auf drei verschiedenen Ebenen gefaßt, und zwar auf der sozialgeschichtlichen Ebene, der gesamtmenschlichen Ebene und auf der Ebene des Glaubens. Als Gutiérrez 1971 die endgültige Formulierung für den Begriff der Theologie der Befreiung fand, sah er die Theologie nicht mehr nur, wie in früheren Jah-

---

4 Vgl. *R. Oliveros*, a.a.O., 53ff.

5 Vgl. Die Reflexion über die verschiedenen Bereiche der pastoralen Praxis in Lateinamerika, in: La pastoral de la Iglesia en América Latina, in: MIEC-JECI 1968 (es handelt sich hierbei um Vorträge, die bereits 1967 gehalten wurden); siehe auch Pobreza evangélica: solidaridad y protesta, Lima 1970 (hier handelt es sich um die Zusammenfassung einer Vorlesung von 1967).

6 Es handelt sich hier um den Vortrag: Hacia una teología de la liberación (1968), der 1969 dann in MIEC-JECI veröffentlicht wurde.

ren, als "kritische Funktion der pastoralen Praxis der Kirche"[7], sondern als kritische "im Lichte des Glaubens ausgeübte Reflexion der historischen Praxis"[8] überhaupt, d.h. als "kritische Reflexion über die historische Praxis und aus ihr heraus."[9] Zumindest zweierlei können wir aus dieser Radikalisierung der Formulierung schließen. Es geht erstens nicht mehr nur um die pastorale Praxis, sondern darüber hinaus auch um die historische (d.h. die soziale, politische und kulturelle) Praxis im ganzen. Und zweitens wird Praxis hier nicht mehr nur als Objekt und Thema der Reflexion im Lichte des Glaubens verstanden, sondern auch als hermeneutischer Ort, d.h. als der geschichtliche Ort, der den Verständnishorizont und die Gesamtperspektive eröffnet und gewährt. Gutiérrez schließt hier das Subjekt und die Option für die Befreiung der Armen mit ein.

1.4 Methode der Theologie der Befreiung

Implizit stellt diese Darstellung der Geschichte des Begriffs schon eine erste Charakterisierung der Theologie der Befreiung und ihrer Methode dar. Gutiérrez kann zu Recht als der "Vater" dieser Theologie bezeichnet werden. Zugleich ist er als der Interpret jener Bewegung zu betrachten, die in der lateinamerikanischen Theologie und Kirche überall im Entstehen begriffen war und ihre offizielle Bestätigung in Medellin fand.
Nichtsdestoweniger ist Gutiérrez der Theologe gewesen, der diesem allgemeinen Phänomen einen Namen gab; zudem war er der erste, der die Befreiungstheologie programmatisch und methodologisch und teilweise auch systematisch darstellt.
Im Folgenden möchte ich in zwei Schritten vorgehen:

(1) Anhand einer allgemeinen Charakterisierung der Befreiungstheologie in Anlehnung an Gutiérrez möchte ich deren Selbstverständnis behandeln.

---

7 Vgl. *G. Gutiérrez*, Notes on Theology of Liberation, in: In search of a Theology of Development, Lausanne 1970. (Es handelt sich hierbei um ein Referat, das bereits 1969 gehalten wurde), 170.

8 Vgl. *Gutiérrez*, TdB, 19.

9 Vgl. *G. Gutiérrez*, Evangelio y praxis de liberación, in: Fe cristiana y cambio social en América Latina. Encuentro de El Escorial 1972, Salamanca 1973, 231-245, hier 244.

(2) In einem zweiten Schritt will ich dann etwas genauer der Frage nach dem hermeneutischen Zirkel der Theologie der Befreiung nachgehen.

1.4.1 Allgemeine Charakterisierung der Befreiungstheologie

Laut Gutiérrez ist die Theologie immer ein zweiter, ein reflexiver Akt[10], der einen ersten vorreflexiven Akt, nämlich den Glauben und das durch den Glauben geformte Leben voraussetzt. In diesem Sinn ist die Theologie der Befreiung ein zweiter Akt, eine Reflexion, die aus einem ersten Akt, d.h. aus der im Glauben getroffenen vorrangigen Option für die Armen hervorgeht. Diese Option beinhaltet das Moment der Kontemplation ebenso wie das der Praxis. Sie verbindet die gläubige Betrachtung der verborgenen Gegenwart Christi im Armen mit einer entsprechenden Praxis der Befreiung.[11] Letztere erwächst aus der Nächstenliebe, einer Liebe also, die, das gilt es zu betonen, geschichtlich wirksam sein will. Die Theologie der Befreiung ist somit gleichermaßen kritische Reflexion im Licht des Evangeliums über die vorrangige Option für die Armen wie auch kritische Reflexion aus dieser Option heraus. Sie ist der zweite, reflexive, theologische Akt, der im Licht des Glaubens - als des Formalobjekts - die eben genannte Verbindung von Kontemplation und Praxis kritisch thematisiert sowie begrifflich artikuliert und interpretiert. In dem Ausdruck "Reflexion der Praxis" (Genitivus objektivus und subjektivus!) meint Praxis nicht nur den aus Liebe geleisteten geschichtlichen, pastoralen und sozialen, ja sogar politischen Dienst, sondern auch, wie Gutiérrez mit Nachdruck betont, jene weiter oben bereits erwähnte Kontemplation des "in actione contemplativus".

Folglich sind der Ausgangspunkt der Theologie der Befreiung nicht in erster Linie die Glaubenswahrheiten an sich, in deren Licht die Praxis dann theologisch interpretiert wird, primärer

---

10 Dies ist eine bereits ältere Vorstellung von *Gutiérrez*. Vgl. a.a.O. (Anm. 6)

11 Für Gutiérrez ist der erste Akt - theologisch gesprochen - das Moment des Schweigens. Der zweite Akt, so Gutiérrez weiter, leitet sich vom ersten ab: Ohne Kontemplation und Praxis können wir nicht Theologie treiben. Theologie ist ein Sprechen von Gott, sie kommt von diesen Fragen her, von dieser Begegnung mit Gott (vgl. *G. Gutiérrez*, Theorie und Erfahrung im Konzept der Theologie der Befreiung, in: J.B. Metz, P. Rottländer, Lateinamerika und Europa. Dialog der Theologen, München-Mainz 1988, 56).

Ausgangspunkt ist auch nicht die durch die Nächstenliebe bestimmte Praxis der Befreiung (als Ort und Gegenstand der theologischen Reflexion), vielmehr gibt es etwas, das dem - zumindest logisch - vorausgeht. Denn die Praxis der Befreiung selbst ist schon Antwort auf ein appellierendes und belehrendes Wort. Dieses Wort, in dem der Glaube einen Ruf des Herrn vernimmt, kommt von den Armen und Unterdrückten, in denen der Glaube Christus sieht. Obwohl nur das sich ihm öffnende Hören im Glauben den vollen Sinn dieses Wortes zu erfassen und in der Praxis der Liebe zu beantworten vermag, läßt sich dieser Sinn sowohl theologisch als ethisch und geschichtlich deuten. Dabei gewinnt die theologische Reflexion unvermeidlich Anregungen aus biblischen Texten wie Mt 25,31 - 45 (wo von der verborgenen Gegenwart Christi im Hungernden, Kranken, Obdachlosen usw. die Rede ist) oder Lk 10,21 (ein Text, der von der Offenbarung der Weisheit Gottes den Unmündigen gegenüber spricht).

Primär geht es also um die theologische Deutung dieses Sinns (den nur der Glaube erfassen kann). Diese hängt aber zugleich mit einem bestimmten Verständnis des Menschen und seiner Menschenwürde und somit auch mit einem bestimmten Verständnis der geschichtlichen Situation zusammen (deshalb sagten wir, daß dieser Sinn gleichermaßen theologisch, ethisch und geschichtlich ist).

Den drei praktischen Dimensionen der Option für die Armen: der theologischen, der ethischen und der geschichtlichen Dimension, entsprechen (auf der Ebene der kritischen Reflexion) drei verschiedene theoretische Gesichtspunkte: der theologische, der philosophische (v.a. der sozialanthropologische und der ethische) und der sozialwissenschaftliche Gesichtspunkt. Kurz gesagt: Wenn der erste Akt ein sich ins Leben und in die geschichtliche Praxis inkarnierender Glaube ist, der in Geschichte, Kultur und Gesellschaft Gestalt gewinnt, dann muß sich der zweite, reflexive, theologische Akt - insofern er dem ersten entsprechen will - nicht nur einer streng theologischen und philosophischen Rationalität, sondern zugleich auch der rationalen Vermittlung durch die Human- und Sozialwissenschaften bedienen, damit die historische und soziale Wirklichkeit Lateinamerikas im Licht des Wortes Gottes theologisch interpretiert werden kann. Denn sowohl das Glaubensverständnis der Armen wie auch die darauf antwortende Praxis der Befreiung sind Teil einer bestimmten geschichtlichen, kulturellen und sozialen Situation, auch wenn sie diese transzendieren.

Meine bisherigen Überlegungen haben sich auf zwei grundlegende methodische Merkmale der Theologie der Befreiung konzentriert: Das erste Merkmal ist gegeben durch das Verhältnis des ersten, des praktischen Aktes zum zweiten, reflexiven Akt, insofern dieser aus der kontemplativen Praxis der Befreiung heraus auf diese selbst reflektiert. Das zweite Merkmal bezieht sich dann vornehmlich auf den zweiten Akt, insofern die kritische Reflexion im Licht des Wortes Gottes nicht nur der philosophischen, sondern auch der gesellschaftsanalytischen Vermittlung bedarf, um die geschichtlichen Zeichen der Zeit theologisch ausdeuten zu können.

1.4.2 Der hermeneutische Zirkel und seine zwei Phasen

Der Genitiv im Ausdruck "Theologie der Befreiung" muß verstanden werden sowohl als theologische Reflexion auf den Akt der Befreiung als auch als Akt der Befreiung selbst. Das weist auf den der Befreiungstheologie eigenen hermeneutischen Zirkel hin. Denn die Theologie der Befreiung bewegt sich kreisförmig zwischen der theologischen Deutung der historischen Situation und der auf diese antwortenden historischen Praxis der Befreiung im Licht des Wortes Gottes auf der einen und der erneuten Deutung dieses Wortes aus eben dieser Situation und Praxis heraus auf der anderen Seite. Auf diese Weise kann zum Beispiel die geschichtliche Lage der strukturellen Armut und der sozialen Ungerechtigkeit in Lateinamerika im Licht des Glaubens als Sünde interpretiert werden. "Sünde" ist eine theologische Kategorie. Doch muß das theologische Verständnis von Sünde auch die geschichtliche und sozialwissenschaftliche Perspektive berücksichtigen. Sünde bekommt dann eine soziale und eine strukturelle Komponente.[12] So wird nicht nur ein Glaubensverständnis der Situation, sondern auch ein neues theologisches Verständnis von Sünde gewonnen. Dementsprechend besteht der oben erwähnte Zirkel aus zwei methodischen Phasen. Die erste entspricht der von Clodovis Boff methodologisch untersuchten

12 Zu den Begriffen "soziale Sünde" und "Strukturen der Sünde" vgl. *Johannes Paul II*, Reconciliatio et paenitentia Nr. 16 und Sollicitudo rei socialis Nr. 36. Siehe auch *M. Sievernich*, a.a.O., 271ff.

Theologie des Geschichtlichen und Politischen.[13] Diese erste Phase beinhaltet m.E. - gemäß der Theorie der theologischen Methode von Bernard Lonergan - vier funktionelle Momente.[14] Diese können und müssen zwar unterschieden werden, gehen jedoch ineinander über. Im einzelnen sind zu nennen:

Erstes Moment: Die glaubende Wahrnehmung und Analyse der sozio-geschichtlichen Realität, für die der Beitrag der Sozialwissenschaften unentbehrlich ist. Denn eine solche Realität ist höchst komplex, und aus diesem Grund ist sie nicht rein intuitiv erfaßbar. Der Beitrag einer sozialwissenschaftlichen Analyse ist von daher dringend erforderlich.

Zweites Moment: Das Verständnis und die Auslegung der theologischen Bedeutung der genannten Wirklichkeit im Licht des Formalobjekts der Theologie, nämlich des Glaubens.

Drittes Moment: Das reflektierende und kritische Urteil über diese Wirklichkeit im Licht des Glaubens.

Viertes Moment: Das praktische Unterscheidungsurteil über den mit den drei vorangegangenen Momenten zusammenhängenden Optionen und Bewertungen.

Denn die durch den christlichen Glauben hervorgerufene und geschichtlich "inkarnierte" Option für die Armen muß praktisch-theologisch von anderen ihr ähnlichen (eventuell ideologisierten) Optionen unterschieden werden (in diesem Kontext gebrauche ich das Wort "ideologisiert" in einem pejorativen Sinn). Sowohl die zuerst genannte Glaubensoption als auch die ihr ähnlichen, aber ideologisierten Optionen und Bewertungen üben ihren Einfluß auf die logisch vorausgehenden Momente aus, d.h. auf die analytische Lektüre, die begriffliche Auslegung und die kritische Beurteilung der geschichtlichen Wirklichkeit im Licht des Glaubens. Aus diesem Grund ist dann auch die Explikation des

---

13 Vgl. *Cl.Boff*, Theologie und Praxis. Die erkenntnistheoretischen Grundlagen der Theologie der Befreiung, München - Mainz 1983, 265 (im folgenden zitiert als: *C.Boff*, TP). Siehe auch: *L. und C.Boff*, Wie treibt man Theologie der Befreiung?, Düsseldorf 1986; ferner: *C. Boff*, Da Libertacâo. O teológico das libertacôes sócio-históricas, Petrópolis 1980.

14 Vgl. *B. Lonergan*, Method in Theology, New York 1972. In meinem Buch: Teología de la liberación y doctrina social de la Iglesia, Madrid-Buenos Aires 1987, verwendete ich die theologische Methodenlehre Lonergans, um die Methode der Befreiungstheologie zu erläutern (Vgl. insbes. 34-51 und 90-98).

vierten praktisch-theologischen Moments der Methode der Befreiungstheologie wichtig und unentbehrlich.[15]

Darüber hinaus ist zu bemerken, daß das vierte methodische Moment alle drei Dimensionen der Option für die Armen bzw. der befreienden Praxis betrifft, nämlich die streng theologische, die anthropologisch-ethische und die sozialgeschichtliche Dimension. Die kritische praktisch-theologische Unterscheidung muß also alle drei Dimensionen berücksichtigen, die zusammengehören, aber nicht aufeinander zurückzuführen sind. Die Theologie muß sich hier sowohl ihrer eigenen als auch der philosophischen und der sozialwissenschaftlichen Kriterien bedienen, nicht zuletzt der Ideologiekritik.

Ich möchte im folgenden nun anhand des oben erwähnten Beispiels (der strukturellen Armut in Lateinamerika als sozialer Sünde) die vier genannten methodologischen Momente veranschaulichen:

(1) Wir sehen uns in Lateinamerika mit der Armut von Millionen von Menschen - in denen der Glaube die Gegenwart Christi vernimmt - wie auch mit dem Faktum ihrer immer größer werdenden Verarmung konfrontiert. Die Sozialwissenschaften analysieren dieses Faktum und erklären es strukturell, d.h. als verursacht durch sozio-ökonomische und sozio-politische Mechanismen und Strukturen.

(2) Im Licht des Wortes Gottes werden solche sozialen Strukturen nicht nur als menschenunwürdig und ungerecht, sondern auch als sündhaft - d.h. als Ausdruck sozialer und struktureller Sünde - gedeutet und

(3) entsprechend verurteilt.

(4) Aber diese Deutung und dieses Urteil im Licht des Glaubens schließen nicht nur die ethische und theologische Bewertung der Situation als ungerecht und sündhaft ein, sondern geben auch einer bestimmten - nämlich sozio-strukturellen - analytischen Erklärung und Deutung der geschichtlichen Situation der Armen in Lateinamerika vor anderen möglichen sozialanalytischen Erklärungen und Deutungen den Vorzug. Hier gilt es jedoch sorgfältig zu prüfen, damit die getroffene Entscheidung und die darin enthaltene Option von ideologisierten Bewertun-

---

15 Es ist das Verdienst Lonergans, dieses Moment -mit dem Namen "dialectic" -methodologisch ausgearbeitet zu haben. Vgl. *ders.*, Method in Theology, a.a.O. (s. Anm. 14), Kap. 10.

gen, Optionen und Deutungen unterschieden werden kann. Soviel zur ersten Phase des befreiungstheologischen hermeneutischen Zirkels und damit zur theologisch-kritischen Deutung der geschichtlichen Realität und Praxis.
Die zweite Phase des hermeneutischen Zirkels bezieht sich auf die neue Interpretation des Glaubens, die durch die erste Phase vermittelt wird. Denn diese wird durch den Verständnishorizont bestimmt, der erst die glaubende geschichtliche Liebe für die Armen öffnet. Hier stimme ich mit Jon Sobrino überein, der die Theologie der Befreiung als intellectus amoris und intellectus misericordiae[16] (und nicht nur als intellectus fidei) bezeichnet. Auch die zweite Phase des befreiungstheologischen hermeneutischen Zirkels besteht aus vier Momenten, die in gewisser Hinsicht den vier letzten funktionellen Spezialisierungen der theologischen Methode nach B. Lonergan entsprechen. Denn ausgehend von der vorrangigen Option für die Armen und einer nicht nur religiösen und ethischen, sondern auch geschichtlichen Bekehrung zu den Armen hin, öffnet sich ein neuer Horizont eines kontextuellen Verstehens des Glaubens. So kann als Frucht jenes neuen theologischen Verständnisses, das durch die vorrangige Option für die Armen eröffnet wird, sowohl eine neue fundamentale und dogmatische als auch eine neue pastorale Theologie entstehen.

(1) Ein erstes Moment (das von Lonergan mit dem Namen "foundations" bezeichnet wird) unternimmt den Versuch, den neuen hermeneutischen Horizont in Grundkategorien der Glaubensinterpretation zu beschreiben. In einem gewissen Sinn kann man hier dann auch von einer spezifisch befreiungstheologischen Fundamentaltheologie (oder besser: fundamentalen Theologie)[17] sprechen. Ein hervorragendes Beispiel wurde hierfür m.E. durch das erste befreiungstheologische Werk von Gutiérrez gegeben. Denn in seinem Buch "Theologie der Befreiung" suchte Gutiérrez nicht nur den Begriff und die Methode der Theologie

16 Vgl. *J. Sobrino*, Teología en un mundo sufriente. La teología de la liberación como intellectus amoris, in: Revista Latinamericana de Teología 5(1988), 243-266; *ders.*, Hacer teología en América Latina, in: Theologica Xaveriana Nr. 91 (1989), 139-156.

17 K. Rahner unterscheidet die "fundamentale Theologie" von der Fundamentaltheologie; vgl. *K. Rahner, H. Vorgrimler*, Kleines Theologisches Wörterbuch, Freiburg 1961, 112.

der Befreiung zu erläutern, sondern unternahm darüber hinaus den Versuch, theologische Grundkategorien wie Heil und Befreiung, Eschatologie und Geschichte, Reich Gottes und Kirche, evangelische Armut usw. mit Hilfe der neuen Methode und dem Licht jenes Verstehenshorizonts zu denken, der durch die Option für die Armen in Lateinamerika eröffnet worden ist.

(2) Das zweite Moment der zweiten Phase - das chronologisch gesehen auch ein zweites Moment in der Entwicklung der Befreiungstheologie darstellt - ist gekennzeichnet durch eine neue Behandlung der zentralen Glaubensaussagen über Christus, Gott, die Kirche, den Menschen usw., d.h. durch eine neue Behandlung der dogmatischen (wie auch der praktischen) Theologie aufgrund der befreiungstheologischen Methode und unter Berücksichtigung der neu durchdachten theologischen Grundkategorien. Die zweite Generation innerhalb der Befreiungstheologie nahm sich dieser Aufgabe an, insofern sie sich mit den Fragen der Christologie, der Gotteslehre, der Ekklesiologie, der Moraltheologie usw. intensiv beschäftigte. Doch sind in diesem Zusammenhang nicht nur die Theologen der zweiten Generation, wie z.B. Leonardo Boff oder Jon Sobrino, sondern auch Gustavo Gutiérrez und Juan Luis Segundo zu erwähnen.

(3) Das logisch wie chronologisch dritte Moment wird, wie mir scheint, bereits verwirklicht. Ich meine den Versuch eines spekulativen Neuverstehens des christlichen Glaubens durch seine erneuerte Konzeptualisierung und Systematisierung auf der Grundlage des neu gewonnenen Horizontes und unter Anwendung der neu entwickelten Methode. Meines Erachtens gibt es in einigen Werken erstmals erste Anzeichen einer solchen Systematisierung, so z.B. im christologischen Werk Jon Sobrinos.[18] Eine ähnliche Absicht verfolgt auch die theologische Reihe "Theologie und Befreiung", deren Konzept durch das Werk "Mysterium Salutis" inspiriert wurde.

(4) Darüber hinaus wurde in diesem Versuch einer neuen Darstellung der gesamten Theologie ein besonderer Platz dem vierten, dem pastoral-theologischen Moment eingeräumt, das dem Moment des "Handelns" in der Maxime "Sehen, Urteilen, Handeln" entspricht. Denn für die Theologie der Befreiung ist die befreiende (spirituelle, pastorale, pädagogische, kulturelle, soziale

---

18 Vgl. *J. Sobrino*, Cristología desde América Latina, México 1977 (bzw. in englischer Übersetzung: ...Christology at the Crossroads, New York 1978).

und politische) Praxis sowohl Ausgangspunkt als auch Ziel einer theologischen Reflexion aus der Praxis und über die Praxis. Es ist ihr vor allem darum zu tun, sich in den Dienst der wirksamen Liebe der Armen (Genitivus objektivus und subjektivus!) zu stellen. In diesem Zusammenhang sind die bedeutenden Arbeiten von Gutiérrez über die Spiritualität der Befreiung zu erwähnen.[19]

Mit der von mir versuchten Beschreibung der verschiedenen methodischen Schritte der Befreiungstheologie in den zwei Phasen ihres hermeneutischen Zirkels beabsichtigte ich zu zeigen, wie mit Hilfe der hier skizzierten Methode die verschiedenen theologischen Fragen und Disziplinen - und nicht nur die "Theologie der irdischen Wirklichkeiten" - neu gestaltet werden können. Denn bei der Theologie der Befreiung handelt es sich nicht nur um eine neue "Theologie des Genitivs" (nicht bloß um eine Theologie des Politischen und des Sozialen also), sondern auch und vor allem um eine neue Methodik und Gesamtperspektive für die ganze Theologie.

Nichtsdestoweniger betont Gutiérrez, daß die Theologie der Befreiung als "kritische Reflexion der historischen Praxis im Lichte des Glaubens" die herkömmliche Theologie als Weisheit und Wissenschaft nicht etwa ausschließt, sondern mit einbezieht.[20] Doch bedient sie sich dabei, wie gesagt, nicht nur der philosophischen Vermittlung, sondern auch human- und sozialwissenschaftlicher Erkenntnisse. So handelt es sich hierbei wohl um eine Form christlicher (kontemplativer und praktischer) Weisheit, die einerseits ein gemeinschaftliches Subjekt hat, nämlich das glaubende, arme Volk, und die sich andererseits explizit in Geschichte, Kultur und Gesellschaft kontextualisiert.

Im nächsten Kapitel möchte ich mich nun eingehender mit der Frage beschäftigen, wie sich die Befreiungstheologie auf eine bestimmte sozialwissenschaftliche Gesellschaftsanalyse bezieht. Im übernächsten Kapitel wird es dann um die Frage nach dem Bezug der Befreiungstheologie zur Weisheit des lateinamerikanischen Volkes gehen.

---

19 Eine besondere Beachtung verdient hier das bereits erwähnte Werk von *G. Gutiérrez*, Aus der eigenen Quelle trinken, a.a.O. (s. Kap. 0, Anm. 15). Siehe auch: *J. Sobrino*, Geist, der befreit. Anstöße zu einer Spiritualität, Freiburg 1988.

20 Vgl. *G. Gutiérrez*, TdB, 6-21.

2. Theologie der Befreiung und marxistische Gesellschaftsanalyse

Meine allgemeine Charakterisierung der Befreiungstheologie konzentrierte sich auf zwei grundlegende methodologische Merkmale dieser Theologie:

Als erstes Merkmal arbeitete ich das Verhältnis zwischen dem ersten, praktischen Akt und dem zweiten, reflektiven Akt heraus. Denn dieser zweite, theologische Akt reflektiert aus der kontemplativen Praxis der Befreiung heraus und auf diese hin im Licht des Wortes Gottes. Das zweite Merkmal bezieht sich vornehmlich auf den soeben genannten zweiten Akt. Die kritische Reflexion im Licht des Glaubens bedarf nicht nur der philosophischen, sondern auch der gesellschaftsanalytischen Vermittlung, um die geschichtlichen Zeichen theologisch auszudeuten. Denn da die soziale Realität sehr komplex ist, kann sie nicht rein intuitiv, sondern nur mit Hilfe der Sozialwissenschaften erfaßt werden.[1]

Man kann bei diesen beiden methodischen Charakteristika ansetzen, will man der Frage nach dem Verhältnis zwischen der Theologie der Befreiung und der marxistischen Gesellschaftsanalyse nachgehen und verschiedene Strömungen innerhalb der befreiungstheologischen Bewegung unterscheiden. Bei näherer Betrachtung des zweiten Merkmals erscheint es selbstverständlich, daß die Nutzung der sozialwissenschaftlichen Vermittlung die Frage nach einem möglichen Gebrauch der sogen. marxistischen Gesellschaftsanalyse durch die Theologie der Befreiung aufwirft. Denn diese will die soziale Realität sozialwissenschaftlich richtig erkennen, um sie im Licht des Glau-

1 Für *C. Boff* stellt der Empirismus eines der epistemologischen Hindernisse der Theologie des Politischen dar, weil er behauptet, die soziale Wirklichkeit rein intuitiv erkennen zu können (vgl. TP, 1. Teil, Kap. 1.1). Zur Frage der sozialanalytischen Vermittlung der Theologie siehe meinen Aufsatz: Sozialanalyse und Theologie der Befreiung, in: Zeitschrift für Missionswissenschaft und Religionswissenschaft 89 (1985), 259-280 (dort weitere Literaturhinweise).

bens interpretieren und im Evangelium entsprechend umgestalten zu können.

In bezug auf das erste Merkmal kommt es darauf an, welche Praxis den hermeneutischen Ort bietet, aus dem heraus theologisch reflektiert wird. Diesbezüglich behauptet das Dokument von Puebla: "Hier muß auf die Gefahr der Ideologisierung hingewiesen werden, der die theologische Reflexion ausgesetzt wird, wenn sie auf der Grundlage einer Praxis angestellt wird, die sich der marxistischen Analyse bedient."[2] Denn die Analyse bestimmt die Diagnose und die ihr entsprechende Praxis. Diese beeinflußt ihrerseits die theologische Reflexion, die aus dieser Praxis und über diese reflektiert. Was ist mit der Bezeichnung "marxistische Analyse" überhaupt gemeint, und was bedeutet diese vor dem Hintergrund der skizzierten Fragestellung einer Theologie der Befreiung? Auch ist nach dem Stellenwert dieser Analyse nach den einzelnen Theorien zu fragen. Ich möchte auf die entsprechenden Folgen für die Theologie hinweisen und die Positionen kritisch bewerten. Ich unterscheide drei Strömungen innerhalb der Befreiungstheologie. Als Kriterium der Unterscheidung dient mir dabei die Verwendung bzw. Nichtverwendung der genannten Gesellschaftsanalyse.

2.1 Die marxistische Gesellschaftsanalyse

Höchst wahrscheinlich wurde diese Bezeichnung russischen Handbüchern über den Marxismus-Leninismus entlehnt.[3] Das in Lateinamerika weithin verbreitete Verständnis dieses Ausdrucks wurde jedoch stark durch den strukturalistischen Marxismus des Franzosen L. Althusser und seine populären Darstellungen beeinflußt. In Lateinamerika wird unter diesem Begriff die Verwendung des "Historischen Materialismus" bzw. einiger seiner methodischen Gesichtspunkte und Kategorien zum Zweck einer sozialwissenschaftlichen Analyse der Gesellschaft und ihrer geschichtlichen Situation verstanden. Und es wird betont, daß dabei weder der "Dialektische Materialismus" im ganzen noch der

---

2 Vgl. DP 545.

3 Vgl. *J.C. Terán-Dutari*, El análisis marxista y los cristianos, in: *ders.*, Religiosidad popular, cultura y política. Reflexiones en torno a Puebla, Quito 1984, 201-212.

marxistische Atheismus übernommen werden. Was aber heißt "Historischer Materialismus"?

Der "Historische Materialismus" betrachtet die gesamte soziale Realität - einschließlich der politischen, kulturellen und religiösen Dimension - als letztlich von ökonomischen Faktoren dialektisch determiniert. Die Realität wird in letzter Instanz durch die Produktivkräfte, die Produktionsweise und die Produk-tionsverhältnisse bestimmt. Diese bilden die grundlegende Infrastruktur, was bedeutet, daß sie die anderen sozialen Dimensionen nicht nur bedingen, sondern dialektisch bestimmen. Daher werden in der heutigen kapitalistischen Gesellschaft Religion, Kultur, geistiges Leben, Ethik und Politik (d.h. die Suprastruktur) durch die Produktivkräfte der hochentwickelten Industrie, durch die kapitalistische Produktionsweise und durch die kapitalistischen Produktionsverhältnisse bestimmt, für die das Privateigentum an Produktionsmitteln (d.h. des Kapitals) charakteristisch ist.

Die Geschichte wird als dialektischer Klassenkampf gedeutet, d.h. in bezug auf die Gesellschaft wird sie als radikal antagonistischer Kampf ausgelegt, der sich zwischen den Eigentümern der Produktionsmittel (nämlich der Bourgeoisie) und den von ihnen ausgebeuteten Nichteigentümern (nämlich dem Proletariat) abspielt. Somit sind nicht nur für die Analyse der Gesellschaft, sondern auch für die ihrer Geschichte ökonomische Faktoren bestimmend. Unsere Frage lautet daher zugespitzt: Ist es möglich, die Grundannahmen der marxistischen Gesellschaftsanalyse von der marxistischen Philosophie und ihrer politischen Praxis zu trennen? Inwieweit ist es möglich, Elemente und Gesichtspunkte dieser Analyse für die theologische Deutung der sozialen und geschichtlichen Realität zu übernehmen, ohne die Erkenntnis dieser Realität ideologisch zu verzerren und das Verständnis des Glaubens zu entstellen? Dies sind brennende Fragen nicht nur für die Theologie der Befreiung, sondern auch für jene Christen, die sich in ihren pastoralen, sozialen und politischen Aktionen auf diese Theologie berufen.[4]

---

4 Über diese Frage wurde viel geschrieben; vgl. u.a. *P. Rottländer* (Hrsg.), Theologie der Befreiung und Marxismus, Münster i.W. 1986; *J.L. Segundo*, El hombre de hoy ante Jesús de Nazaret, Bd. 1: Fe e Ideología, Madrid 1982; *E. Huber*, A Proposito dell'analisi marxista, in: Civiltà Cattolica (1985), 533-542.

2.2 Die marxistische Gesellschaftsanalyse und die verschiedenen Strömungen der Befreiungstheologie

Man kann mehrere Strömungen der befreiungstheologischen Bewegung unterscheiden, und zwar mit Hilfe der beiden oben erwähnten Charakteristika, d.h. unter Zuhilfenahme sowohl (1) der Art der Praxis, aus der heraus theologisch reflektiert wird, als auch (2) des Typs der Gesellschaftsanalyse, der als Vermittlung für die theologische Deutung und Einschätzung der sozialen Wirklichkeit und der auf diese antwortenden Praxis verwendet wird. Anhand des Unterschieds in diesen beiden Grundmerkmalen lassen sich dann, wie gesagt, verschiedene Strömungen innerhalb der Theologie der Befreiung unterscheiden. Ich möchte in diesem Zusammenhang verschiedene Richtungen aufzeigen.[5]

(1) An erster Stelle werde ich eine radikalere Strömung der Befreiungstheologie behandlen, deren theoretisches Gewicht zur Zeit allerdings an Bedeutung verloren hat. Diese eher extreme Strömung wird u.a. in H. Assmanns Werk "Unterdrückung - Befreiung. Herausforderung für die Christen"[6] und in den Dokumenten der Christen für den Sozialismus vertreten. Trotz des erwähnten Bedeutungsverlustes ist es jedoch wichtig, diese Strömung einer näheren Betrachtung zu unterziehen. Die Folgen einer unkritischen Verwendung des Marxismus treten hier deutlich zutage. Außerdem zielten die Hauptvorwürfe der ersten Instruktion der Glaubenskongregation (Libertatis Nuntius)[7] meines Erachtens vornehmlich auf diese Art von Befreiungstheologie. Zudem halte ich es für wichtig, eine solch radikalere Theologie an-

---

5 Siehe auch meinen Aufsatz: Theologie der Befreiung. Charakterisierung, Strömungen, Etappen, in: *K.-H. Neufeld* (Hrsg.), Probleme und Perspektiven dogmatischer Theologie, Düsseldorf 1986, 401-439, insbes. 416-426 (dort weitere Literaturangaben).

6 Vgl. *H.Assmann*, Opresión-liberación. Desafío a los cristianos, Montevideo 1971 (bzw. die erweiterte Ausgabe: Teología desde la praxis de liberación, Salamanca 1973). Siehe auch die Schlußdokumente der 1. und 2. Begegnung der Christen für den Sozialismus, in: SEDOC 6 (1972), 623-632 und 8 (1975), 169-176. Laut P. Rangel hat Assmann, wie dieser Rangel gegenüber 1986 verlauten ließ, seine Position später gemäßigt; vgl. *P. Rangel*, Teologia da Libertacâo. Juízo Critico e Busca de Caminhos. Belo Horizonte 1988, 289 und 291.

7 Vgl. Instruktion der Kongregation für die Glaubenslehre über einige Aspekte der "Theologie der Befreiung", Bonn 1984 (im folgenden zitiert als: LN unter Angabe des jeweiligen Paragraphen).

deren nuancierteren und ausgewogeneren Formen der Theologie der Befreiung vergleichend gegenüberzustellen. Hier müssen die einzelnen Positionen differenziert werden. Ich nenne sie "Theologie aus der Praxis revolutionärer Gruppen." Denn ihr hermeneutischer Ort ist die Praxis solcher christlicher Gruppen, die sich für eine marxistisch verstandene Revolution entschieden haben. Dementsprechend bedient sich diese radikalere Linie dann auch der gesellschaftsanalytischen Methode des Marxismus, um die soziale Situation der Gesellschaft und der Kirche in Lateinamerika zu erfassen und Strategien der Befreiung zu entwickeln. Jedoch werden die marxistische Methode und die verwendeten Strategien ohne jede tiefergehende Kritik angeeignet. Meines Erachtens hat dies zweierlei zur Folge:

In bezug auf die erste Phase der Befreiungstheologie, d.h. in bezug auf die theologische Deutung der sozialen Realität und Praxis führt eine solche Betrachtungsweise dazu, daß das Verständnis der Realität durch die Verwendung des historischen Materialismus (bzw. einiger seiner methodischen Gesichtspunkte) als analytisches Instrumentarium ideologisch verzerrt wird, und zwar insofern, wie in der Instruktion Libertatis Nuntius behauptet wird, "als das Denken von Marx eine Weltanschauung darstellt, in der zahlreiche Daten der Beobachtung und der beschreibenden Analyse in eine philosophisch-ideologische Struktur integriert sind, die bestimmt, welche Bedeutung und relative Wichtigkeit man diesen Daten zumißt."[8] Dies ist besonders dann der Fall, wenn der marxistisch verstandene Klassenkampf so verstanden wird, daß dieser zum hermeneutischen Grundprinzip der Analyse, der Deutung und der Beurteilung wird. In diesem Fall wird der Klassenkampf dann zum Schlüssel für das Verständnis der Gesellschaft, der Geschichte und sogar der Kirche. Schon Papst Paul VI. hatte in seiner Enzyklika "Octogesima adveniens" betont: "Es wäre freilich illusorisch und gefährlich, ... die Elemente der marxistischen Analyse zu übernehmen, ohne deren Bezug zur Ideologie zu erkennen."[9] Ich glaube zudem, daß bei dieser unkritischen Verwendung der marxistischen Analyse der Glaube "zu spät" kommt, und zwar zu spät, um die anthropologischen bzw.

8 Vgl. LN VII, 6.

9 Vgl. *Papst Paul VI.*, Octogesima adveniens, 34: AAS 63 (1971), 424-425; ct. LN VII, 7.

ethischen Voraussetzungen der verwendeten Analyse und der im Rahmen einer solchen Analyse bereits vorgefaßten revolutionären politischen Entscheidung kritisieren oder korrigieren zu können. Denn die marxistische Auffassung des Menschen, der Gesellschaft und der Geschichte bestimmt die Gesamtperspektive der Betrachtung und wird so de facto verabsolutiert.[10]

In bezug auf die zweite Phase der Befreiungstheologie, d.h. in bezug auf das theologische Verständnis des Glaubens sind die Folgen einer unkritischen Übernahme der marxistischen Methode zwar eher von indirekter Art, darum aber nicht weniger gewichtig. Sie sind das Resultat einer unkritischen Verwendung der marxistischen Analyse im Rahmen der ersten Phase.[11] Denn die erneute befreiungstheologische Deutung des Glaubens wird innerhalb des durch die Option für die Armen eröffneten Verständnishorizontes vorgenommen und ist demzufolge durch diese neue Gesamtperspektive bestimmt. Insofern also die Option durch eine ideologische und reduktionistische Sicht der sozialgeschichtlichen Situation der Armen vermittelt wird, wird sie - z.B. eine marxistisch verstandene Klassenoption - ideologisiert. In der Folge wird dann auch die gesamte Perspektive der Glaubensinterpretation reduktionistisch verzerrt, und zwar insofern, als der hier eingenommene Klassenstandpunkt als "ein bestimmendes hermeneutisches Prinzip"[12] fungiert, wie es in der Instruktion der Kongregation für die Glaubenslehre an einer Stelle wörtlich heißt, als ein Prinzip also, das nicht nur das Verständnis von dieser oder jener theologischen Aussage bestimmt, sondern den ganzen Horizont des Glaubensverständnisses verzerrt. Demzufolge werden theologische Grundbegriffe (wie z.B. Heil, Heilsgeschichte, Volk Gottes, Kirche, Sakrament, Option für die Armen usw.) indirekt, d.h. hermeneutisch durch das marxistische Verständnis des Menschen, der Gesellschaft und der Geschichte stark beeinflußt, obwohl die Theologien dieser Strömung den marxistischen Atheismus ablehnen. So wird behauptet, daß Jesus eine Klassenoption traf. Wird der Klassenkampf in die Kirche

---

10 Eine solche Kritik wurde von mir schon 1973 geübt, als ich das Schlußdokument der 1. Begegnung der Christen für den Sozialismus kommentierte; vgl. Teología de la Liberación y praxis popular, Salamanca 1976, 117-121.

11 Vgl. auch meinen in Anm. 1 zitierten Aritkel, (insbes. 269-275).

12 Vgl. LN X, 2. Weitere Zitate aus LN finden sich in meinem in Anm.1 zitierten Artikel, 275-278.

und in den Kirchenbegriff eingeführt, besteht die Gefahr, das Reich Gottes auf die politische Dimension zu reduzieren. Eine andere Folge der Verwendung der marxistischen Analyse, die sich auf beide Phasen der genannten Methode erstreckt, ist eine radikale und bittere Kirchenkritik, die gleichsam "von außen" geübt wird. Damit ist eine Kritik gemeint, die über jede brüderliche Zurechtweisung innerhalb der "Ecclesia semper reformanda" hinausgeht. Sie ist das Ergebnis einer marxistischen Religionskritik, die auf der Grundlage der marxistischen Weltanschauung geübt wird.

(2) Es wäre nun aber ungerecht, diese extreme Strömung der Befreiungstheologie mit der ganzen befreiungstheologischen Bewegung bzw. einer jener anderen Richtungen gleichzusetzen, die lediglich gewisse Elemente, Begriffe oder einzelne Gesichtspunkte des Marxismus aufgreifen. In dieser Lage befindet sich die bekannteste Richtung der Theologie der Befreiung, die am direktesten die Linie der ersten Generation und die von Gutiérrez eröffneten Perspektiven weiterführt. Diese Strömung ist in ihren Entwürfen einer strukturellen Umgestaltung der lateinamerikanischen Gesellschaft zwar ebenfalls radikal, aber sie will ganz bewußt der Kirche und der theologischen Tradition treu bleiben. In verschiedener Hinsicht können als ihre Vertreter nicht nur Gutiérrez selbst, sondern auch die Brüder C. und L. Boff, J.L. Segundo und andere bekannte Befreiungstheologen gelten. Meiner Meinung nach liegt der Hauptunterschied zwischen dieser Richtung der Befreiungstheologie und der zuvor beschriebenen - grob gesagt - sowohl in der Praxis, aus der heraus beide theologisch reflektieren als auch in der Art und Weise der Verwendung des analytischen Instrumentariums des Marxismus.

Was die Praxis betrifft, so handelt es sich bei der zweiten Linie um die geistige Erfahrung und die soziale und pastorale Praxis der mit dem Projekt der Befreiung ausdrücklich verbundenen christlich organisierten Volksgruppen, nicht zuletzt der kirchlichen Basisgemeinden. Für Gutiérrez sind letztere das gemeinschaftliche Subjekt der befreiungstheologischen Reflexion.[13] Der Berufstheologe leistet ihnen den Dienst des kriti-

---

13 Vgl. *Gutiérrez*, L'irruption du pauvre dans la théologie de l'Amérique Latine, Convergence, 24; *ders.*, Die historische Macht der Armen, München-Mainz 1984, 177.

schen, theoretischen, methodischen und systematischen, kurz: des wissenschaftlichen Denkens.

Probleme ergeben sich in bezug auf das zweite Merkmal, d.h. in bezug auf die Verwendung des sozialwissenschaftlichen Instrumentariums, was die oben erwähnte Praxis u.U. beträchtlich beeinflussen kann. Denn sowohl mehrere christliche Basisgemeinden in Lateinamerika als auch die Theologen, die auf deren Praxis reflektieren, verwenden nicht selten gewisse Elemente, Begriffe und methodische Gesichtspunkte, die der marxistischen Gesellschaftsanalyse entlehnt sind. Ganz bewußt unterscheide ich die Übernahme einiger Elemente von der Übernahme der marxistischen Analyse und ihrer Grundperspektive im ganzen. Die Befreiungstheologen der zweiten Linie weisen immer wieder darauf hin, daß sie sich um eine kritische und differrenzierte Anwendung bestimmter Elemente der marxistischen Tradition bemühen, ohne dabei die philosophischen und die ideologischen Voraussetzungen des Marxismus zu übernehmen. Darüber hinaus fordern sie im Rahmen der theologischen Reflexion eine kritische Würdigung dieser Elemente im Licht des Glaubens. So drückt sich z.B. Leonardo Boff aus.[14] Gutiérrez betont seinerseits, daß er mit den brieflich ausgesprochenen Anweisungen des früheren Jesuitengenerals Pater Arrupe völlig einverstanden ist; dieser trifft ebenfalls die von mir soeben gemachte Unterscheidung und lehnt die Übernahme der marxistischen Gesellschaftsanalyse im ganzen ab.[15] I. Ellacuría spricht von der Theologie der Befreiung und dem Marxismus als von zwei nicht austauschbaren Instanzen, die jedoch nicht ohne Kommunikation untereinander sind. Und er fügt hinzu: "Wenn man ... für eine der beiden Interpretationen als dem letztlich bestimmenden für die eigene Existenz und für die Auffassung der Wirklichkeit optiert, dann kann man von der untergeordneten Instanz Elemente nehmen, die in das System übernommen werden können, für das man optiert hat."[16]

---

14 Vgl. *L. Boff*, A libertacâo em Puebla, in: Puebla 3 (1979), 184.

15 Ich beziehe mich hier auf ein persönliches Gespräch mit *Gutiérrez*. Vgl. die deutsche Übersetzung des Briefes von Pater Arrupe in: Herderkorrespondenz 35 (1981), 242-246.

16 Vgl. *I.Ellacuría*, Theologie der Befreiung und Marxismus, in: Orientierung 50 (1986), 127-131, hier 128 (abgedruckt auch in P. Rottländer, a.a.O., s. Anm. 4).

Darüber hinaus entwickelt Ellacuría zwei Gedankengänge, die einiges Licht auf die ganze Fragestellung werfen: "Man könnte behaupten, daß dann das aus seinem System herausgenommene Element nicht mehr entweder marxistisch oder christlich ist, sondern daß es zu einem Strukturelement des Systems wird, von dem es übernommen wurde."[17] Anders gesagt: Das aus seinem System herausgelöste Element erfährt hier eine semantische Umwandlung, da es in einen neuen Bedeutungszusammenhang hineingenommen wird. Und weiter heißt es bei Ellacuría: "Heterogene Elemente zu übernehmen - was nicht immer zum Guten ausschlägt - ist nicht nur etwas Mögliches, sondern etwas Unvermeidliches, wie die Geschichte gezeigt hat."[18]
In der Übernahme heterogener Elemente besteht also die Hauptgefahr, zumal wenn es sich dabei um die Übernahme solcher Elemente handelt, die mit dem christlichen Menschenverständnis unvereinbar sind. Hiervor warnen die kirchlichen Dokumente, die sich auf diese Frage beziehen, dann auch immer wieder zu Recht.

Diese beiden Bemerkungen Ellacurías sind meiner Meinung nach von entscheidender Bedeutung, wenn wir ein ausgewogenes Urteil über die Autoren treffen wollen, die nicht die marxistische Analyse im ganzen, sondern lediglich einige ihrer methodischen Elemente übernehmen. Meines Erachtens ist hier erstens danach zu fragen, ob das genannte Element mit der christlichen Auffassung vom Menschen, der Gesellschaft und der Geschichte vereinbar ist. Denn gewisse methodische Gesichtspunkte der marxistischen Analyse beinhalten in sich tendenziell die innere Logik der marxistischen Auffassung des Menschen, der Gesellschaft und der Geschichte, obwohl diese Logik vielleicht nicht bis ins Letzte hinein verfolgt wird.[19] Dies ist meiner Meinung nach dort der Fall, wo von einer reduktionistisch verstandenen letzten Bestimmung aller Kulturdimensionen durch das Ökonomische ausgegangen wird oder aber dem Motiv des Klassenkampfes eine Schlüsselfunktion bei der Auslegung der Geschichte zukommt.

Zweitens kommt es darauf an, ob ein bestimmtes Element durch seine Einbeziehung in einen ganz anderen Verständnis-

17 Ebd.

18 Ebd.

19 Vgl. LN IX, 1.

horizont, wie z.B. den christlichen, so radikal und grundlegend verwandelt wird, daß es nicht mehr "marxistisch" gedeutet werden kann, obwohl seine Ursprünge in der marxistischen Tradition liegen. Im positiven Fall wird es seinen reduktionistischen respektive seinen Ausschließlichkeitscharakter verlieren, so etwa, wenn im Rahmen der Analyse die ökonomischen Faktoren, die Eigentumsstrukturen und die Klasseninteressen derart berücksichtigt werden, daß man sie zwar als bedingende, nicht jedoch als bestimmende Faktoren anerkennt. Das gleiche gilt für die Anerkennung des Klassenkampfes als geschichtliches Faktum und in seiner geschichtlichen Bedeutung; ferner für eine besondere Sensibilität bezüglich der konfliktiven Aspekte der heutigen Gesellschaft; des weiteren für die Ideologie- und Religionskritik und ähnliches mehr.

Solche Beispiele sind nicht nur bei den Befreiungstheologen zu finden, sondern auch in päpstlichen Dokumenten, so etwa die Verwendung des Begriffs "Klassenkampf" und dessen Anerkennung als geschichtliches Faktum durch die Enzyklika "Quadragesimo Anno"[20]; ferner die Analyse des heutigen geschichtlichen Konfliktes Kapital/Arbeit in "Laborem Exercens"[21] oder auch die Würdigung der ökonomischen Faktoren als bedeutenden Schlüssel für das Verständnis der Kultur durch Johannes Paul II. in seiner Rede an die UNESCO, auch wenn er betont, daß es sich hierbei zwar um einen wichtigen Schlüssel, nicht jedoch um den hermeneutischen Schlüssel schlechthin handelt.[22]

In bezug auf die zweite Strömung der Theologie der Befreiung läßt sich kein Pauschalurteil treffen, vielmehr gilt es, jeden Autor und jeden Fall für sich zu betrachten. Meines Erachtens wußte Gustavo Gutiérrez die Gefahren der Übernahme gewisser

---

20 Vgl. Acta Apostolicae Sedis 23 (1931), 204 bzw. 213. Siehe auch *O. von Nell-Breuning*, Worauf es mir ankommt. Zur sozialen Verantwortung, Freiburg-Basel-Wien 1983, 89ff.

21 Vgl. Laborem Exercens, 11-15. Ferner sei erwähnt, daß Gutiérrez für die siebte Auflage seines befreiungstheologischen Hauptwerkes den Abschnitt "Christliche Brüderlichkeit und Klassenkampf" durch einen neuen Abschnitt "Glaube und sozialer Konflikt" ersetzte; vgl. Teología de la liberación Perspectivas. Con una nueva introducción Mirar lejos, Lima ^{7}1990, 396-407.

22 Vgl. *Papst Johannes Paul II.*, Rede an die UNESCO vom 2. Juni 1980, in: L'Osservatore Romano (spanische Ausgabe), 598, vom 15. Juni 1980, 359-361.

methodischer Elemente der marxistischen Analyse sehr wohl zu vermeiden. Dennoch haben einige seiner Leser ihn mißverstanden und praktische Folgen aus seinen Gedanken gezogen, die nicht in seiner Absicht gelegen hatten. Bevor solche Mißverständnisse jedoch festgestellt werden konnten - einige Befreiungstheologen benutzten vielleicht etwas naiv bestimmte Begriffe (wie z.B. den des Klassenkampfes), die in ihrer herkömmlichen Bedeutung eindeutig marxistisch besetzt waren -, dürften gewisse Begriffe im Denken einiger Leser eine mehr oder weniger "tiefe Zweideutigkeit"[23] geschaffen haben, weil eventuellen Nuancierungen und Unterscheidungen des Verfassers nicht genügend Aufmerksamkeit geschenkt wurde. Darüber hinaus bin ich mit Jean-Yves Calvez der Meinung, daß ein gewisser Enthusiasmus für den Marxismus, der während der siebziger Jahre in einigen befreiungstheologischen Kreisen vorhanden war, zu Beginn der 80er Jahre bereits wieder zurückging.[24]

Nicht zuletzt war eine größere Zurückhaltung dem Marxismus gegenüber wegen der Gefahr von Mißverständnissen bei Freunden und Gegnern gefordert. An dieser Stelle ist auch auf einen wichtigen Beitrag von P. Hünermann zu dieser Frage hinzuweisen. Nach der Veröffentlichung der ersten Instruktion der Kongregation für die Glaubenslehre über einige Aspekte der "Theologie der Befreiung" schrieb dieser eine wichtige Stellungnahme, die in der Zeitschrift "Herderkorrespondenz" unter dem Titel "Lateinamerikas Staatsklasse und die Armen"[25] veröffentlicht wurde. Mit der Bezeichnung "Staatsklasse" ist hier eine gesellschaftliche Gruppe in Lateinamerika gemeint, die mit dem marxistischen Klassenbegriff nicht so recht gefaßt werden kann. Denn es geht hier weniger um die Verfügung über die Produktionsmittel als vielmehr "um die Indienstnahme des Staates selbst durch Ausbau einer entsprechenden Bürokratie, Beherrschung der Massenkommunikationsmittel, Regelung von Import und Export, Einbindung bestehender Machtgruppen durch die Klientelverhältnisse."[26] Nach Hünermann meinen viele

23 Vgl. Ln VII, 8.

24 Vgl. *J.-Y. Calvez*, La théologie de la libération' critiqueé et accueillie. Après les deux Instructions de la Congrégation pour la Doctrine de la Foi, in: Nouvelle Revue Théologique 108 (1986), 845-859.

25 Vgl. Herderkorrespondenz 38 (1984), 475-480.

26 Vgl. *P. Hünermann*, a.a.O. (s. Anm. 25), 475.

Lateinamerikaner eine solche Staatsklasse, wenn sie von einem "Klassenkampf von oben" sprechen und gleichzeitig betonen, daß sie keine Marxisten sind.

Ich erlaube mir nun, eine längere Passage aus dem soeben genannten Artikel zu zitieren, da diese sowohl eine treffende Situationsbeschreibung als auch die entsprechende Begrifflichkeit enthält, mit der eine solche Situation zu begreifen versucht wird:

"Versucht man auf den Begriff zu bringen, was sich aus den oftmals etwas diffusen Darlegungen ergibt, so kommt man zu einer neuen Definition von Klassenkampf: von Klassenkampf ist unter heutigen Bedingungen dort zu sprechen, wo sich die Führungselite eines Volkes bzw. einer Nation eine öffentliche Ordnung schafft und durchsetzt, die zugunsten der eigenen Macht und Privilegien die Menschenrechte weiter Bevölkerungskreise nicht respektiert.

Ist diese neue Klassenkampfdefinition in sich konsistent und sachhaltig? Der Mensch, auch der Mensch in der Dritten Welt, lebt heute in einer von Menschen her- und zugerichteten Welt. Es gibt keine Inseln einsamen Lebens mehr, die sich der technisch-neuzeitlichen Daseinsverfassung entzögen. Organisiert infolgedessen eine Gruppe das öffentliche Leben in der Weise zum Schutz der eigenen Macht und Vorteile, daß die Menschenrechte weiter Bevölkerungskreise nicht garantiert sind, dann führt sie einen erbarmungslosen 'Klassenkampf von oben'. Warum? Weil die Menschenrechte, und zwar die klassischen persönlichen, die politisch-öffentlichen und die sozialen Menschenrechte jene Voraussetzungen definieren, ohne welche ein Mensch nicht als Mensch in einer gänzlich durch Menschen vermittelten Welt zu leben vermag.

Die Bestimmung des Klassenkampfes durch Bezugnahme auf die Menschenrechte bedeutet keine schlechte 'Vermetaphysizierung' sozialer Konflikte. Menschenrechte formulieren Freiheitsräume, insbesondere im politischen, gesellschaftlichen, wirtschaftlichen Bereich, ohne die ein Mensch seine Kräfte nicht zu entfalten, für sich und seine Familie den Lebensunterhalt nicht zu gewährleisten vermag. Respektierung der Menschenrechte besagt in keiner Weise etwa Sozialstaat, Fürsorgewesen, sondern Zuerkennung der Möglichkeiten eigener Initiativen unter Respektierung der Rechte aller. Je umfassender infolgedessen

Menschenrechte negiert werden, desto tödlicher ist das Verdikt für die entsprechende Bevölkerungsgruppe."[27]

Diese Ausführungen Hünermanns helfen Mißverständnisse hinsichtlich der Verwendung des Begriffs "Klassenkampf" durch mehrere Befreiungstheologen zu klären. Vielleicht aber wäre es besser, solche Begriffe gänzlich zu meiden, damit sie aufgrund ihrer geschichtlichen Belastung nicht marxistisch mißverstanden werden.

(3) Es gibt aber auch andere Strömungen innerhalb der Theologie der Befreiung. Ich möchte diese Linien der Befreiungstheologie, die sich der marxistischen Gesellschaftsanalyse oder einiger ihrer methodischen Gesichtspunkte so gut wie überhaupt nicht bedienen, hier nicht im einzelnen behandeln. Hinweisen möchte ich jedoch auf den argentinischen Theologen Lucio Gera und seine Schule, die für die Deutung der geschichtlichen Realität im Licht des Evangeliums weniger die Aspekte einer soziostrukturellen als vielmehr einer geschichtlich-kulturellen Analyse zu Rate zieht.[28] Für letztere sind die vorwiegend hermeneutischen Humanwissenschaften, wie die Geschichtswissenschaft, die Kulturanthropologie und die Religionswissenschaft von Belang.

Der zentrale Unterschied zwischen der zweiten Strömung der Befreiungstheologie und der soeben erwähnten Linie liegt m.E. in deren unterschiedlicher Auffassung des Begriffs "Volk", was sich im weiteren dann auch - vor allem in der zweiten Phase der befreiungstheologischen Reflexion - in der Auffassung des Begriffs "Volk Gottes"[29] niederschlägt. Auf diesen Sachverhalt

---

27 Vgl. *P. Hünermann*, a.a.O., (s. Anm. 25), 477.

28 Ich bezeichne diese Linie als: Theologie aus der Praxis der lateinamerikanischen Völker, a.a.O. (s. Anm. 5), 422-426 (dort weitere Literaturhinweise). Siehe auch meine Arbeit: Evangelisation of Culture, Liberation and Popular Culture, in: J. Gremillion (Hg.), The Church and Culture since Vatican II, Notre Dame 1985, 74-89, insbes. 81-86. Meines Wissens gibt es nur eine ins Deutsche übersetzte Arbeit L. Geras: *L. Gera, G. Rodríguez Melgarejo*, Zur Krise des argentinischen Katholizismus, in: P. Hünermann u. G.-D. Fischer (Hg.), Gott im Aufbruch. Die Provokation der lateinamerikanischen Theologie, Freiburg i.Br. 1974, 70-118.

29 Zum Begriff "Volk" vgl. *L. Gera*, Pueblo, religión del pueblo e Iglesia, in: Iglesia y religiosidad popular en América Latina, Bogotá 1977, 258-283; *F. Boasso*, Qué es la Pastoral Poular?, Buenos Aires 1974; *J.C. Scannone*, "Peuple" et "populaire." Réalité sociale, pratique pastorale et réflexion théo-

werde ich jedoch im sechsten Kapitel noch genauer zu sprechen kommen, insofern ich dort eigens über die befreiungstheologische Ekklesiologie berichten werde.

Innerhalb der zweiten Strömung wird das Volk eher im Sinne einer unterdrückten Klasse, einer unterdrückten Rasse wie auch einer unterdrückten Kultur begriffen. Hierin zeigt sich der Einfluß einer kritischen Verwendung von Elementen der marxistischen Dialektik. Innerhalb der dritten Linie wird das Volk - ohne daß das Faktum der strukturellen Unterdrückung geleugnet wird - eher im Sinne einer Nation verstanden, d.h. als ein gemeinschaftliches Subjekt einer gemeinsamen Geschichte wie auch einer gemeinsamen Kultur oder eines gemeinsamen Lebensstils und eines geschichtlichen Projektes des Gemeinwohls. Doch wird auch hier anerkannt, daß es im Volk (ethisch-geschichtliche und geschichtlich-strukturelle) Volksverräter gibt, die so etwas wie ein Anti-Volk bilden. Oftmals steht dieses Anti-Volk auch strukturell im Dienst der sozialen Ungerechtigkeit und Dependenz. Erinnern wir uns z.B. an die Staatsklassen und an die Menschenrechtsverletzungen. Die dritte Linie der Befreiungstheologie vergißt die Tatsache des geschichtlichen Konfliktes also keineswegs. Doch nimmt sie bevorzugt die Perspektive der die Konflikte erst ermöglichenden ursprünglichen Einheit eines Volkes als Nation ein.

Zusammenfassend läßt sich also festhalten: Wegen der engen Verbundenheit der empirischen und der philosophisch-ideologischen Elemente in der sogen. marxistischen Gesellschaftsanalyse kann deren Verwendung als solche durch die Theologie nicht akzeptiert werden. Die Verwendung einiger ihrer Elemente kann ebenfalls nicht ohne eine radikale, diese gänzlich umgestaltende Kritik erfolgen. Wenn also bestimmte Elemente oder Gesichtspunkte dieser Analyse in einen anderen, christlich geprägten Verständnishorizont eingebracht werden, können sie für die Befreiungstheologie methodisch fruchtbar sein. Hier setze ich jedoch voraus, daß es sich um solche Elemente handelt, die nicht gegen das christliche Verständnis des Menschen verstoßen. Als Beispiele wurden weiter oben bereits die Gedanken zur Ideologiekritik und zur Bedeutung der sozialen Konflikte für die Analyse der Gesellschaft sowie jene zur

---

logique en Argentine, in: Nouvelle Revue Théologique 108 (1986), 860-877 (dort weitere Literaturhinweise).

Konditionierung der Kultur durch die ökonomischen Strukturen erwähnt. Durch eine entsprechende Aneignung werden solche Gedanken dann anders als im Marxismus verstanden. Dennoch muß man bei einer derartigen Übertragung marxistischer Elemente und Gesichtspunkte in einem anderen Verständnishorizont äußerst kritisch sein, damit man nicht - ohne es zu merken - die innere Logik dieser Elemente mit übernimmt.

Der wichtige Beitrag der hier beschriebenen dritten Strömung der Befreiungstheologie dürfte darin bestehen, daß durch die Anwendung philosophischer Rationalität und geschichtlich-kultureller Hermeneutik gesamtmenschliche und kulturgeschichtliche Aspekte in die Gesellschaftsanalyse mit einbezogen werden und ihr aufgrund des christlichen Menschenbildes und der die lateinamerikanische Volkskultur prägenden christlichen Weisheit ferner daran gelegen ist, jene Reste der marxistischen Ideologie zu tilgen, die durch die Übernahme einiger Elemente des Marxismus durch die zweite Linie möglicherweise ungewollt mit übernommen wurde. Dagegen wird der unverzichtbare Beitrag der zweiten Strömung darin bestehen, daß sie immer wieder an die sozialkritischen, ökonomischen und konfliktgeladenen Aspekte der geschichtlichen Wirklichkeit Lateinamerikas sowie an die christliche Option für die Gerechtigkeit erinnert und auf diese Weise dafür Sorge trägt, daß allzu romantische oder vorwiegend auf die Kultur konzentrierte Elemente der dritten Linie korrigiert werden.

Ich selbst gebe in Anlehnung an L. Gera der dritten Linie den Vorzug.[30] Nichtsdestoweniger meine ich jedoch, daß diese dritte Linie durch zahlreiche Perspektiven der zweiten Linie kritisiert und ergänzt werden muß. Eine der künftigen Aufgaben der Theologie der Befreiung wird es m.E. somit sein, diese beiden Linien immer wieder ergänzend aufeinander zu beziehen. Dieser Prozeß ist, wie ich meine, bereits im Gange.

---

30 Vgl. meine befreiungstheologischen Bücher: Teología de la liberación y praxis popular, Salamanca 1976, und: Teología de la liberación y doctrina social de la Iglesia, Madrid-Buenos Aires 1987; beide verdanken den Gedanken L. Geras viele wichtige Anregungen. Dies gilt auch für mein Buch: Evangelización, cultura y teología, Buenos Aires 1990.

3. Die Befreiungstheologie zwischen Volksfrömmigkeit und Wissenschaft

Bereits 1971 betonte Gustavo Gutiérrez in seinem ersten befreiungstheologischen Hauptwerk "Theologie der Befreiung", daß "wir im Grunde nie zu einer echten Theologie der Befreiung kommen (werden), wenn die Unterdrückten nicht selbst frei ihre Stimme erheben und sich unmittelbar und in schöpferischer Weise in Gesellschaft und Kirche äußern können."[1] Im Zusammenhang damit äußerte er sich später über das Subjekt der Befreiungstheologie: "Es handelt sich ... um ein gemeinschaftliches, ein kollektives Subjekt: die kirchlichen Basisgemeinden selbst sind Subjekt der theologischen Reflexion."[2]

Die Theologie der Befreiung steht aufgrund ihrer Eigenart, kritische Reflexion aus der Befreiungspraxis heraus als auch über diese im Licht des Wortes Gottes zu sein, in einem Spannungsverhältnis "zwischen" Befreiungspraxis und Wort Gottes. Sie bewegt sich nämlich zwischen der glaubenden Frömmigkeit des sich befreienden Volkes und einer theologischen Wissenschaft, die sich der Vermittlung der Sozialwissenschaften bedient. Das Subjekt der zu reflektierenden Befreiungspraxis und des sie begleitenden inkulturierten Glaubenssinns ist das arme und glaubende lateinamerikanische Volk. Ist es auch das Subjekt einer Volkstheologie der Befreiung? Welchen Zusammenhang gibt es zwischen Volksfrömmigkeit, Volkstheologie der Befreiung und wissenschaftlicher Befreiungstheologie? Ich möchte diese Problematik in vier Schritten behandeln und damit auf die gestellten Fragen antworten.

Erstens möchte ich die allgemeine Charakterisierung der Theologie der Befreiung noch einmal kurz wiederholen. Zweitens werde ich auf die zwei Artikulationsweisen hinweisen, die nach Leonardo Boff der Befreiungstheologie eigen sind. Drittens beabsichtige ich, die für unseren Zusammenhang zentralen Be-

---

1 Vgl. *Gutiérrez*, TdB, 287.

2 Vgl. *Gutiérrez*, L'irruption dans la théologie de l'Amérique Latine, Convergence 1981, 24.

griffe einer näheren Betrachtung zu unterziehen. Im einzelnen werden dabei die Begriffe "Volksfrömmigkeit" (respektive "Volk" und "Frömmigkeit"), "theologische Wissenschaft" und "Volkstheologie" zu untersuchen sein. In einem vierten und letzten Schritt werde ich versuchen, jenes Spannungsverhältnis eingehender zu beleuchten, das sich zwischen einer theologischen Wissenschaft und einer Volkstheologie auftut. Bei diesem Spannungsverhältnis geht es um die gegenseitige Beziehung und Befruchtung der Volkstheologie der Befreiung und der wissenschaftlichen Befreiungstheologie.

3.1 Kurze Charakterisierung der Theologie der Befreiung

Gutiérrez' neue Auffassung der Theologie als "kritische Reflexion der historischen Praxis im Lichte des Wortes Gottes" schließt für ihn das herkömmliche Selbstverständnis der Theologie als Weisheit und als Wissenschaft nicht aus, sondern ein. Es handelt sich dabei jedoch um die Reflexion einer theologischen Weisheit, deren Subjekt das arme und glaubende lateinamerikanische Volk, folglich also ein gemeinschaftliches Subjekt ist. Die Weisheit des Volkes bildet dem Dokument von Puebla zufolge den innersten Kern der lateinamerikanischen Volksfrömmigkeit.[3] Hier geht es also um eine Glaubensweisheit, die sich in Geschichte, Kultur und Gesellschaft als Volksweisheit inkarniert und kontextuiert hat. Auf der anderen Seite ist eine solche kritische Reflexion im Licht des Glaubens aber auch Wissenschaft. Als solche bedient sie sich jedoch nicht nur der Philosophie, sondern auch und im besonderen der Human- und Sozialwissenschaften. Denn es handelt sich um eine Reflexion der Befreiungspraxis bzw. der dieser Praxis zugrundeliegenden vorrangigen Option für die Armen. Diese Option und die sie begleitende Praxis sind aber gleichzeitig theologisch, ethisch und geschichtlich, das heißt, sie bewegen sich auf drei sich gegenseitig durchdringenden, aber unterschiedlichen Bedeutungsebenen, nämlich auf der theologischen, der philosophischen und der sozialwissenschaftlichen Sinnebene. Demnach entsprechen drei verschiedene wissenschaftliche Gesichtspunkte (der theologische, der philosophische und der empirisch-wissenschaftliche Gesichtspunkt) den drei erwähnten Dimensionen der Befreiungspraxis: der theologi-

3 Vgl. DP 488.

schen, der ethischen und der geschichtlichen Dimension. Die Theologie der Befreiung bewegt sich von Haus aus zwischen Volksfrömmigkeit und Wissenschaft. Dieser Zusammenhang wurde vor allem durch die argentinische Strömung der Befreiungstheologie expliziert und betont; dieser hebt die Volkskultur und Volksreligion besonders hervor.[4] Aber auch Gutiérrez übernahm bereits diese Position, da er sich von Anfang an mit der Volksspiritualität der Befreiung beschäftigt hatte.[5] Denn die Volksspiritualität in Lateinamerika ist meiner Meinung nach ohne den Hintergrund der lateinamerikanischen Volksfrömmigkeit und deren Neubelebung durch die Lektüre der Bibel in den kirchlichen Basisgemeinden kaum verständlich.[6]

3.2 Die zwei Artikulationsweisen der Befreiungstheologie

Nach Leonardo Boff kann die kritische Reflexion der Befreiungstheologie auf zwei verschiedene, sich gegenseitig ergänzende Artikulationsarten vorgenommen werden, die er die "sakramentale" und die "wissenschaftliche" nennt.[7] Beide Arten der Reflexion thematisieren und artikulieren im Licht des Gotteswortes den geschichtlich inkarnierten Glaubenssinn, der das kontemplative Moment der vorrangigen Option für die Armen enthält.

Die erste Artikulationsart betont das Moment der Weisheit, die der Befreiungstheologie eigen ist, während die zweite das Moment ihrer Wissenschaftlichkeit hervorhebt.

---

4 Ich beziehe mich hier auf die im zweiten Kapitel behandelte Linie der Befreiungstheologie, die ich dort als "Theologie aus der Praxis der lateinamerikanischen Völker" bezeichnet habe.

5 Vgl. *G. Gutiérrez*, Evangelio y praxis die liberación, in: Fe cristiana y cambio social en América Latina. Encuentro de El Escorial 1972, Salamanca 1973, 231-245.

6 Vgl. meinen Aufsatz: Die Rolle des Volkskatholizismus in Lateinamerika, in: J.B. Metz, P. Rottländer (Hg.), Lateinamerika und Europa. Dialog der Theologen, München-Mainz 1988, 61-74.

7 Vgl. *L. Boff*, Teología del cautiverio y la liberación, Madrid 1978, 39; *ders.*, Theologie der Befreiung. Die hermeneutischen Voraussetzungen, in: K. Rahner u.a. (Hg.), Befreiende Theologie, Stuttgart 1977, 46-61, hier 48ff.

3.2.1 Zur sakramentalen Artikulationsweise der Befreiungstheologie

Die "sakramentale" Artikulationsweise der Befreiungstheologie begegnet vor allem in den kirchlichen Basisgemeinden. Diese nämlich bedienen sich der verschiedenen Arten des nicht-wissenschaftlichen religiösen Diskurses - gemeint sind der prophetische, der paränetische sowie der heilsgeschichtlich erzählende Diskurs - für ihre Auslegung der Schrift. In der Praxis der kirchlichen Basisgemeinden, der biblischen Kreise und anderer christlicher Volksgemeinschaften wird die eigene und die gemeinsame Situation im Licht der Heiligen Schrift unter geistigen, pastoralen und sozialen Gesichtspunkten analysiert, gedeutet, beurteilt und gewürdigt. Aus der so eingeschätzten Situation heraus wird dann die Schrift mit neuen Augen gelesen. Auf diese Weise bewegt man sich in dem der Theologie der Befreiung eigenen hermeneutischen Zirkel.[8] Als Beispiel mag ein Vorfall dienen, den C. Mesters in einem seiner "Círculos Bíblicos" (Bibelkreise) beschreibt[9]:

Francisco, ein junger Mann, der im Gefängnis wegen seines Engagements für die Armen gefoltert wurde, las sein eigenes Leiden später im Licht der Worte des Paulus über dessen persönliches Leiden (2 Kor 4,10-12). Paulus behauptet, daß wir an unserem Leib die Zeichen des Todes Jesu tragen, damit auch das Leben Jesu an unserem Leid offenbar werde (erste Phase des Zirkels: das alltägliche Leben wird im Licht der Schrift gedeutet). Durch sein Leiden und die Freude, für den Herrn gelitten zu haben, wurden ihm somit neue Möglichkeiten der Deutung des Glaubens eröffnet. Er war nun in der Lage, auch die menschlich wie politisch ungerechten Verfolgungen Christi in die Heilsökonomie Gottes zu integrieren (in der zweiten Phase des Zirkels begreife ich Schrift und Glaube im Licht des eigenen Lebens besser). Diese Art der Reflexion ist, wenngleich nicht streng wissenschaftlich, so doch nicht ohne ein starkes kritisches Mo-

---

8 Ich beziehe mich hier auf den hermeneutischen Zirkel, von dem bereits im ersten Kapitel die Rede war. Zu den verschiedenen hermeneutischen Zirkeln in der Theologie der Befreiung vgl. *J.L. Segundo*, Liberación de la teología, Buenos Aires 1974, Kap.1; *C. Boff*, TP, 220-249; *J.Sobrino*, Cristología desde América Latina México 1977, XVIII.

9 Vgl. *C. Mesters*, Um novo céu e uma nova terra - Círculos Bíblicos (37-40), Petrópolis 1973, 17ff (hier durch Überlegungen von meiner Seite ergänzt).

ment. Und so weiß sie die Geister durchaus zu unterscheiden. Diese Unterscheidung stützt sich auf einen synthetischen Akt des Glaubenssinns, der das Urteil des Volkes über seine Lage in sich aufnimmt, läutert und durchformt. Oft ist diese Kenntnis der sozialen Lage zwar durch gewisse Ergebnisse der Sozialwissenschaften beeinflußt worden, aber es handelt sich dabei nicht um eine wissenschaftliche Kenntnis.

3.2.2 Zur wissenschaftlichen Artikulationsweise der Befreiungstheologie

Die wissenschaftliche Artikulationsweise der Befreiungstheologie unterscheidet sich von der "sakramentalen" weder durch das Material- noch durch das Formalobjekt. Denn in beiden Fällen ist der Glaube als das Formalobjekt derselbe und besteht das Materialobjekt einerseits in der sozialen Lage und Praxis, die im Licht des Glaubens interpretiert werden, und andererseits in der Heiligen Schrift und den Glaubenswahrheiten, die aus dieser Lage und Praxis heraus neu interpretiert werden. Die Unterscheidung beider Artikulationsweisen liegt aber im methodischen Bruch, der durch die Verwendung der wissenschaftlichen Methode entsteht. Die Theologie als Wissenschaft macht die Einheit der drei Dimensionen der Praxis, die Einheit der theologischen, der ethischen und der geschichtlichen Dimension als ausdrücklich. Sie bedient sich dabei sowohl ihrer eigenen Begrifflichkeit als auch der Vermittlung der philosophischen sowie der human- und sozialwissenschaftlichen Rationalität. Auf der Ebene der Wissenschaft werden die drei genannten Gesichtspunkte sehr genau unterschieden und die philosophische und sozialwissenschaftliche Vermittlung der befreiungstheologischen Reflexion thematisch und kritisch expliziert.

3.3 Schlüsselbegriffe

Bevor ich darauf nun näher eingehe, möchte ich zunächst einige zentrale Begriffe erläutern.

3.3.1 Zum Begriff "Volksfrömmigkeit"

Der Begriff "Volk" steht in Lateinamerika für zwei verschiedene, jedoch miteinander zusammenhängende Bedeutungen. Zum einen bezeichnet er die Gesamtheit derer, die an Macht, Besitz und akademischem Wissen kaum Anteil haben; gemeint ist die große Mehrheit der Armen und Unterdrückten. Zum anderen kennzeichnet der Begriff die Gesamtheit derjenigen, die über eine gemeinsame Geschichte, eine gemeinsame Lebensart oder Kultur und ein gemeinsames geschichtliches Projekt verfügen. Die erste Bedeutung läßt sich mit dem Begriff "Klasse", die zweite mit dem Begriff "Nation" umschreiben.[10]

Meiner Auffassung nach gibt es in Lateinamerika einen engen Zusammenhang zwischen diesen beiden Bedeutungen, da die Armen und Verarmten tatsächlich diejenigen sind, die das gemeinsame geschichtliche Gedächtnis, die eigentliche lateinamerikanische Kultur (die aus dem "Kultur-Mestizentum"[11] und dessen erster Evangelisierung hervorging) und den Sinn für Solidarität und Gerechtigkeit repräsentieren. Denn die Armen bilden die Achse des gesamten lateinamerikanischen Volkes, und die legitimen Interessen der Armen hängen eng mit dem Gemeinwohl der ganzen lateinamerikanischen Nation zusammen.

Da meine Blickrichtung in der Hauptsache eine theologische und weniger eine soziologische, kulturanthropologische oder historische ist, will ich mit Paul VI. lieber von "Volksfrömmigkeit" statt von "Volksreligiosität" sprechen.[12] Ich werde mich - ohne die negativen Aspekte zu verkennen, die die lateinamerikanische Volksreligiosität auch aufweist - insbesondere an die Aspekte

---

10 L. Maldonado sagt, man solle hieraus kein Dilemma machen, sondern den Widerspruch dialektisch denken; seiner Meinung nach handelt es sich hierbei nämlich nicht um "einen gänzlich zweideutigen, sondern um einen analogen Begriff." Zum Begriff "Volk" vgl. *L. Maldonado*, Religiosidad popular, in: C. Floristán, J.J. Tamayo (Hg.), Conceptos fundamentales de Pastoral, Madrid 1983, 874-886, hier 879. Ich präzisiere diesen Begriff in meinem Aufsatz: Volksreligiosität, Volksweisheit und Philosophie in Lateinamerika, in: Theologische Quartalsschrift 164 (1984), 203-214, insbes. 204-206.

11 Zum Begriff des "Kultur-Mestizentums" in Lateinamerika siehe DP 307 und 409 sowie meine Aufsätze: Kulturelles Mestizentum, Volkskatholizismus und Synkretismus in Lateinamerika. in: H.P. Siller (Hg.), Suchbewegungen. Synkretismus zwischen kultureller Identität und kirchlichem Bekenntnis, Darmstadt 1991, und: Volksreligion, Volksweisheit und Theologie in Lateinamerika, in: K. Rahner (Hg.), Volksreligion - Religion des Volkes, Stuttgart 1979, 26-39, insbes. 28ff.

12 *Vgl. Paul VI.*, Apostolisches Sendschreiben Evangelii Nuntiandi 48.

wahrer Frömmigkeit und Religion halten, wobei der religiöse und christliche Authentizität am Evangelium selbst zu messen ist. Meine Absicht ist es nämlich, mich mit ihrer schöpferischen Beziehung zur Theologie zu beschäftigen. Ich stütze mich zur Klärung des Begriffs "Volksfrömmigkeit" im lateinamerikanischen Kontext auf einige grundlegende Aussagen des Puebla-Dokuments. Dort heißt es u.a.: "Die Religion des lateinamerikanischen Volkes ist in ihrer ausgeprägtesten kulturellen Form Ausdruck des katholischen Glaubens. Es ist ein Volkskatholizismus."[13]

Zwei miteinander verbundene Schichten der Volksfrömmigkeit sind hier zu unterscheiden. Die lateinamerikanische Volksreligiosität hat einen gemeinsamen Nährboden. Sie beinhaltet dem Dokument von Puebla zufolge das inkarnierte Wort Gottes und ist "eine aktive Form, in der das Volk sich ständig selbst evangelisiert."[14] Ferner bietet sie in ihrem Kern einen Schatz von Werten, "der mit christlicher Weisheit auf die großen Existenzfragen Antwort gibt."[15] Auf diesen gemeinsamen Nährboden gründet sich in den kirchlichen Basisgemeinden, den Bibelkreisen und anderen kirchlichen Volksorganisationen eine echte Volksspiritualität. Diese blüht durch den neuerlichen Kontakt des armen und glaubenden Volkes mit dem Wort Gottes spürbar auf. Aus diesem Kontakt entsteht dann die kontemplative Praxis der Befreiung. Gutiérrez' Werk "Aus der eigenen Quelle trinken"[16] ist ein Zeugnis dieser in mehreren Orten Lateinamerikas aufblühenden Volksspiritualität, deren Entstehung vor dem Hintergrund der erneuten Evangelisierung der Volksfrömmigkeit durch die Lektüre der Bibel in den kirchlichen Basisgemeinden zu sehen ist und die in der Volksfrömmigkeit ihren letzten tragenden Grund hat.[17]

3.3.2 Theologie als Wissenschaft und Volkstheologie

Ich möchte jetzt auch diese beiden Begriffe erklären, da sie in der Theologie der Befreiung eine besondere Rolle spielen. Der

---

13 Vgl. DP 444.

14 Vgl. DP 450.

15 Vgl. DP 448.

16 Vgl. *G. Gutiérrez*, Aus der eigenen Quelle trinken, a.a.O. (s. Kap. 0, Anm. 15).

17 Vgl. *J.C. Scannone*, a.a.O. (s. Anm. 6), insbes. 70ff.

Begriff "Theologie" kann in einem erweiterten etymologischen Sinn als Rede von Gott wie auch in seiner Bedeutung als intellectus fidei ohne weitere Präzisierungen sowohl von der akademischen als auch von der Volkstheologie benutzt werden. Von daher sind beide Artikulationsweisen der Theologie der Befreiung als genuin theologische anzuerkennen. Man kann mit Gutiérrez sogar so weit gehen zu behaupten, daß das eigentliche Subjekt der Theologie der Befreiung die kirchlichen Basisgemeinden sind.[18] Eine solche Behauptung erhält noch mehr Gewicht, wenn wir uns daran erinnern, daß die Armen nicht nur die bevorzugten Adressaten des Evangeliums, sondern auch der privilegierte Ort sind, an dem der Gott Jesu Christi sich in seinem Willen zu erkennen gibt.[19] Darüber hinaus sind die Armen dazu berufen, in der Kirche Christi aktives Subjekt zu sein, und zwar auch in der Ordnung des "intellectus fidei et liberationis." Im Anschluß an die Rede von Puebla über "das evangelisatorische Potential der Armen"[20] spricht Jon Sobrino diesbezüglich auch von einem aktiven "Lehrpotential"[21] und Gustavo Gutiérrez (v.a. in bezug auf die Theologie der Befreiung) von einem "Potential des 'Theologietreibens'".[22] Entsprechend betont der brasilianische Befreiungstheologe J.B. Libanio dann auch, daß der volkstheologische Diskurs - genau wie der wissenschaftlich-theologische - nicht nur legitim, sondern auch legitimierend ist.[23]

18 Vgl. Anm. 2. Zum Thema "Volkstheologie" siehe: A. Exeler, H. Mette (Hg.), Theologie des Volkes, Mainz 1978; ferner: das Themenheft "Théologies populaires" der Zeitschrift Lumière et Vie Nr. 140 (1978); des weiteren: die Debatte zwischen *A. Fierro* und *J.J. Tamayo* in: Iglesia viva Nr. 89-90 (1980), 533-538 und Nr. 93 (1981), 85-91; und meinen Aufsatz: Volksreligiosität, Volksweisheit und Volkstheologie, in: Communio 16 (1987), 396-408, der Grundlage für die Überlegungen des hier vorliegenden Kapitels gewesen ist.

19 Dies ist ein von J.Sobrino des öfteren wiederholter Gedanke. Vgl. *ders.*, Compañeros de Jesús. El asesinato - martirio de los jesuitas salvadoreños, Santander 1989, 41.

20 Vgl. DP 1147.

21 Vgl. *J. Sobrino*, Die Lehrautorität des Volkes Gottes in Lateinamerika, in: Concilium 21 (1985), 269-274, hier 273.

22 Vgl. *G. Gutiérrez*, Theologische Arbeit und kirchliche Erfahrung, in: Concilium 20 (1984), 490-493, hier 491.

23 Vgl. *J.B. Libanio*, Théologie populaire: légitimité et existence, in: Lumière et Vie, 140 (1978), 85-108.

Die wissenschaftliche Befreiungstheologie leistet ihrerseits dann wiederum der befreienden Volkstheologie den kritischen, theoretischen und systematischen Dienst der wissenschaftlichen Methode. Auf den damit einhergehenden methodischen Bruch innerhalb des für beide Seiten identischen Formalobjektes habe ich bereits hingewiesen. Diesen Dienst leisten jedoch - wie bereits mehrfach betont wurde - nicht nur die Theologie oder die Philosophie, vielmehr werden die Human- und Sozialwissenschaften hier ebenfalls zu Rate gezogen. Das Eigentümliche der Theologie als Wissenschaft liegt nun aber nicht darin, daß sie Regeln, Logik und Kritikvermögen aufweist, denn all das findet sich auch in der Volkstheologie, insofern auch sie weise, kritisch und rational ist. Als Wissenschaft zeichnet sich die Theologie vielmehr dadurch aus, daß sie erstens ein theoretischer Diskurs ist und zweitens nicht nur - wie jeder zwischenmenschliche Diskurs - bestimmten Regeln untersteht, sondern ein methodischer und deshalb sich selbst überprüfender Diskurs ist. Anders gesagt: Die Theologie als Wissenschaft hat Regeln, aber darüber hinaus weiß sie auch, daß sie Regeln hat; diese verwendet sie bewußt und kritisch. Drittens ist ihre Artikulationsweise argumentativ, was bedeutet, daß sie sich nicht nur anhand von Erzählungen und Symbolen, sondern auch mit Hilfe von Argumenten und Beweisgründen zu artikulieren vermag. Somit reflektiert, urteilt und unterscheidet sie nicht nur vernünftig, vielmehr weiß sie auch, weshalb sie das tut, und kann methodisch und systematisch darüber Rechenschaft geben. Nun entspricht dieser Typus des theologischen Diskurses wohl kaum dem Bewußtsein des armen Volkes, das sich für gewöhnlich und weit eher in der Welt des Gemeinsinns, der Symbole, der Erzählungen, der Volksweisheit und (kraft des Glaubens) in der Welt des "Lebens nach dem Geiste" Gottes bewegt und weniger in der Welt der wissenschaftlichen Theorie oder der akademischen Hermeneutik.[24] Wenn also die Wissenschaft in der Weisheit verwurzelt bleiben will, dann muß sie objektiv, kritisch und methodisch darauf achten, daß es sich dabei um echte Weisheit handelt und nicht um eine

---

24 Ich beziehe mich hier auf die Theorie B. Lonergans hinsichtlich der Differenzierungen des menschlichen Bewußtseins; vgl. *B. Lonergan*, Einheit und Vielfalt, in: N. Neufeld (Hg.), Probleme und Perspektiven dogmatischer Theologie, Düsseldorf 1986, 118-128.

Ideologie. Darin besteht teilweise ihr Dienst für die Volkstheologie, die Volksweisheit und die Volksfrömmigkeit.

3.4 Zur gegenseitigen Beziehung zwischen den beiden Artikulationsweisen der Befreiungstheologie

Aus dem, was bislang gesagt wurde, geht hervor, daß die Beziehung zwischen den beiden genannten Artikulationsweisen der Theologie der Befreiung keineswegs nach dem Modell von Meinung und Wahrheit (Parmenides), Doxa und Episteme (Plato) oder Ideologie und Wissenschaft (Marx) zu denken ist. Aber auch dialektisch geprägte Paradigmen wie "implizites Wissen/explizites Wissen" oder "Vorstellung/Begriff" (Hegel) sind als unzulänglich zurückzuweisen. Denn was hier vorliegt, ist mitnichten ein bloß vorläufiges, naives und also unvollkommenes Wissen, das im weiteren dann begrifflich expliziert und wissenschaftlich vervollkommnet wurde. Unzureichend sind überdies auch rein phänomenologische Modelle wie "Lebenswelt/Ideierung", das "Erlebte/das Reflektierte" oder "Faktizität/-Eidos" (Husserl); denn in der Volkstheologie der Befreiung spielen nicht nur das Lebensweltliche und rein Faktische eine Rolle, sondern auch Form, Idee und Reflexion, die den wesentlichen Sinn (z.B. den der Befreiung) und die Wahrheit des Glaubens und der Situation treffen. Meines Erachtens liegt die Unzulänglichkeit sowohl des dialektischen als auch des phänomenologischen Paradigmas darin, daß beide die Volkstheologie an der Wissenschaft messen, als ob diese der Urtypus (wenn auch nicht die einzige Form) von Rationalität und Logos sei.[25] Ein übersteigerter Szientismus oder Rationalismus ist somit ebenso zu verwerfen wie auch jede romantische oder antiaufklärerische Haltung gegenüber der Wissenschaftlichkeit. Hingegen bin ich mit Clodovis Boff der Meinung, daß das für die oben genannten Belange geforderte Modell nicht einseitig sein darf, sondern als gegenseitiger Austausch notwendig verschiedener und nicht wieder aufeinander zurückführbarer "Wissen" gedacht werden muß, deren jedes in seiner Gattung gültig ist. So be-

25 Die Paradigmen zur Reflexion der gegenseitigen Beziehung zwischen Volkswissen und wissenschaftlichem Wissen finden sich erörtert in: *C. Cullen*, Sabiduría popular y fenomenologia, in: J.C.Scannone (Hg.), Sabiduría popular, simbolo y filosofia, Buenos Aires 1984, 27-43, insbes. 30f.

schreibt er den Dialog zwischen Theologie und Volk.[26] Jedes der beiden Wissen (gemeint sind das Wissen der Volkstheologie der Befreiung und das der akademischen Befreiungstheologie) stellt ein inneres Moment im Leben der lateinamerikanischen Kirche dar. Dabei hat jedes seinen eigenen Auftrag und sein eigenes Charisma, das der Kirche durch Jesus Christus geschenkt wurde. Von daher haben beide innerhalb der Theologie der Befreiung eine unersetzliche Funktion. Denn die Theologie der Befreiung bewegt sich zwischen Volkstheologie und theologischer Wissenschaft. Wie bereits gesagt, leistet letztere der Volkstheologie der Befreiung einen spezifischen Dienst; diesen habe ich mit den Schlagworten Theorie, selbstbewußte Kritik und Methode kurz zu umschreiben versucht. Ein solcher Dienst ergibt sich aus den drei genannten wissenschaftlichen Ebenen: der theologischen, der philosophischen und der sozialwissenschaftlichen Ebene; dabei bedient sich die erste der Vermittlung der beiden letzten. Doch ist für die wissenschaftliche Theologie und die Kirche im ganzen der Beitrag der Volkstheologie der Befreiung gleichermaßen unverzichtbar. Dies wird weiter unten noch darzustellen sein. Dieser gegenseitige Austausch ist jedoch nicht zweipolig oder kreisförmig, sondern dreidimensional strukturiert. Denn der Glaube, der nach Verständnis sucht, bildet zwischen den beiden vorliegenden Polen eine Art "magnetisches Feld", das für beide Pole prioritär und normativ ist. Der hier gleichsam als dritte Instanz vorgestellte Glaube treibt den Austausch zwischen Volkstheologie und akademischer Theologie voran, richtet ihn aus, normiert und beurteilt ihn. In diesem Zusammenhang kommt dem kirchlichen Lehramt als authentischem Glaubensinterpreten dann insofern eine prüfende Funktion zu, als es darum geht, die Treue zum Evangelium zu wahren. Obwohl der Austausch zwischen Volk und Theologie bereits in der Heiligen

---

26 Vgl. *C. Boff*, Agente de Pastoral e Povo, in: Revista Eclesiástica Brasileira 40 (1980), 216-242. Der Verfasser fragt hier nach der Beziehung zwischen den beiden oben genannten Wissensformen. Siehe auch *L. Boff*, Theologie hört aufs Volk, Düsseldorf 1982; *R. Fornet-Betancourt*, Hören auf das Volk. Theologische Methode oder ideologisches Programm? Überlegungen zur methodischen Struktur der lateinamerikanischen Befreiungstheologie, in: *ders.*, Philosophie und Theologie der Befreiung, Frankfurt am Main 1988, 31-45.

Schrift[27] eine Rolle spielt und auch in der Kirchen- und Theologiegeschichte immer wieder begegnet, nimmt man ihn heute doch neu und explizit zur Kenntnis, dank der Befreiungstheologie und dank eines doppelt bedeutsamen Ereignisses, das Gegenstand ihrer Reflexion ist. Ich meine den "Einbruch der Armen" in Gesellschaft, Kirche und Theologie auf der einen und die sich daraus ergebende pastorale und theologische Neuaufwertung der Volksfrömmigkeit und der Volksspiritualität auf der anderen Seite. Worin aber, so ist zu fragen, besteht denn nun eigentlich der spezifische Beitrag der befreienden Volkstheologie innerhalb des soeben beschriebenen Austausches? Ich werde diese Frage im folgenden in sieben Punkten zu beantworten versuchen.

Erstens handelt es sich hier um ein weisheitliches Wissen, das primärer und ursprünglicher ist als jedes wissenschaftliche Wissen und von daher den geistigen Quellen der Religion, der Frömmigkeit und des Glaubens näher steht, zumal es weitgehend ohne komplizierte begriffliche Vermittlungen und verengende gedankliche Raster auskommt. Die Volkstheologie der Befreiung zeichnet sich somit eher durch einen charismatischen und prophetischen Charakter aus; dennoch ist sie gegen Verirrungen und ideologische Einflüsse keineswegs gefeit. In diesem Zusammenhang ist Karl Rahner zu erwähnen, der mit Bezug auf die akademische Theologie den theologischen Vorzug der Volksfrömmigkeit mit deren Nähe zu den Quellen von Religion und Glauben begründete.[28]

Zweitens zeichnete sich diese Volkstheologie durch eine Art Lebensweisheit aus, die aus einer engen Verbindung mit dem menschlichen und christlichen Alltagsleben und Alltagsleiden sowie aus einer engen Verbindung mit der eigenen Kultur, dem kulturellen und sozialen Kontext[29] und der befreienden Praxis erwächst.

---

27 Zum biblischen Verständnis des Begriffs "Volk" siehe *F. Frankemölle*, Zur Theologie des Volkes im Neuen Testament. Eine Problemskizze, in: A. Exeler, N. Mette, a.a.O. (s. Anm. 18), 86-119; *H. Cazelles*, Volksfrömmigkeit und Volkstheologie in der Bibel, in: Communio 16 (1987), 385-395.

28 Vgl. *K. Rahner*, Einleitende Überlegungen zum Verhältnis von Theologie und Volksreligion, in: K. Rahner (Hg.), a.a.O. (s. Anm. 11), hier 14.

29 Vgl. meinen Aufsatz: Theologie und Volksweisheit in Lateinamerika, in: Orientierung 44 (1980), 152-157.

Hieraus ergibt sich dann ein weiterer Beitrag der Volkstheologie. Denn dank ihres Sinns für Wirklichkeit und Menschlichkeit und dank des Glaubenssinns, den das arme und gläubige Volk besitzt, erinnert die Volkstheologie die akademische Befreiungstheologie unablässig an das elementare, grundlegende und ganzheitliche des Menschseins und Christseins einschließlich der Befreiung.

Viertens bezeugt die Volkstheologie fortwährend etwas, was sich im Glauben und im glaubenden Verständnis der Befreiung nicht auf die bloß menschliche Vernunft oder auf die bloße menschliche Praxis zurückführen läßt, das heißt, sie bezeugt die Transzendenz des Mysteriums Gottes und seines befreienden Heilsplans sowie die unersetzliche Rolle, die das Kontemplative und das Geschichtliche und somit das Symbol und die biblische Erzählung in der Theologie haben. Die begrifflichen Kategorien und die Systematik müssen in ihrem Dienst stehen und nicht umgekehrt. Somit erinnert die Volkstheologie unaufhörlich an die dichterischen und prophetischen Momente jener christlichen Theologie, die auf eine bloß rationale Form nicht zurückführbar sind, obwohl sie diese implizieren.

In eine etwas andere Richtung geht dann ein fünfter Beitrag der befreienden Volkstheologie. Denn als eine Theologie der Armen fordert sie den Berufstheologen und die akademische Theologie heraus, sich im Rahmen einer evangelischen, ethischen und geschichtlichen Metanoia den Armen zuzuwenden. Damit ist der hermeneutische Ort aufgetan, an dem der Gott Jesu Christi authentischer erkannt werden kann. Wenn anerkannt wird, daß die Armen der bevorzugte Ort der Gotteserkenntnis sind, dann wird es auch für die Berufstheologen und für eine akademische Theologie möglich, Christus getreuer nachzufolgen.[30] Ich bin der Ansicht, daß eine wirklich wissenschaftliche Befreiungstheologie nicht hätte entstehen können, hätte es nicht zuvor eine Volkstheologie der Befreiung gegeben.

Ein sechster Beitrag der befreienden Volkstheologie ist eher intellektueller Art und besteht dann auch vor allem darin, die wissenschaftliche Befreiungstheologie auf einen (möglichen) "methodologischen Verdacht" (hinsichtlich mancher Theologumena der akademischen Theologien) aufmerksam zu machen.[31]

---

30 Vgl. *J. Sobrino*, a.a.O., (s. Anm. 8 und 19).

31 Vgl. *J. Segundo*, a.a.O., (s. Anm. 8), hier 260.

Darüber hinaus weiß die Volkstheologie der wissenschaftlichen Befreiungstheologie nicht nur neue theologische Fragen zuzuspielen, vielmehr vermag sie positiv auch neue Antworten zu geben sowie neue Ausdrücke, Kategorien und Artikulationslinien anzubieten, die dann von der akademischen Theologie aufgegriffen und gemäß der ihr eigenen Methode kritisch durchdacht und aufgearbeitet werden können. So ist z.B. die Kategorie "evangelisatorisches Potential der Armen" zunächst innerhalb der Volkstheologie der Basisgemeinde entwickelt worden, bevor sie dann von der akademischen Theologie und schließlich auch von seiten des kirchlichen Lehramtes übernommen wurde.[32]

Abschließend sei nun noch ein siebter Beitrag der Volkstheologie genannt. Dieser besteht darin, daß das gläubige Volk die wissenschaftliche Befreiungstheologie rezipiert und diese als eine der Volkstheologie durchaus entsprechende anerkennt. Hier geht es in erster Linie um den "evangelischen Instinkt" des christlichen Volkes, von dem in Puebla sowohl Johannes Paul II. als auch die lateinamerikanischen Bischöfe gesprochen haben.[33] Damit ist jener Glaubenssinn gemeint, der aus Konnaturalität eine gewisse Theologie entweder als eine mit dem Glauben der Kirche wie auch mit den evangelischen Bedürfnissen der Armen und einer befreienden Praxis der Liebe übereinstimmende annimmt oder aber als eine damit nicht zu vereinbarende ablehnt. Die Theorie eines Befreiungstheologen hat sich dann bewährt, wenn seine durch die wissenschaftliche Analyse, die Hermeneutik und die Theorie vermittelte Theologie zum armen und gläubigen Volk zurückkehrt und von diesem so aufgenommen wird, daß es selbst dadurch in Glaube, Hoffnung und Liebe zu wachsen und diese Liebe geschichtlich in die Tat umzusetzen vermag.

Nach Gutiérrez ist die Theologie der Befreiung kritische Reflexion der historischen Praxis im Licht des Evangeliums. Sie setzt die Theologie als geistliche Weisheit und als rationale Wissenschaft voraus und verschränkt diese beiden Momente der theologischen Tradition in sich auf eine neue Art und Weise.[34]

---

32 Diese Kategorie wurde z.B. von den lateinamerikanischen Bischöfen 1979 in Puebla übernommen. Vgl. DP 1147.

33 Vgl. *Johannes Paul II.*, Eröffnungsansprache zur bischöflichen Generalkonferenz von Puebla III, 6 Acta Apostolicae Sedis 71 (1979) 203. Siehe auch DP 448.

34 Vgl. *G. Gutiérrez*, TdB, 6-21.

Die Befreiungstheologie wird zur Weisheit und Wissenschaft, indem sie sich als theologische Reflexion der Befreiungspraxis zwischen den beiden genannten Artikulationsweisen und also zwischen Volksfrömmigkeit und theologischer Wissenschaft bewegt.

4. Volksreligion, Volksweisheit und inkulturierte Theologie

In seinem Artikel "Konturen einer interkulturellen Theologie" entwickelt M. Sievernich folgende Typologie kontextueller Theologien: (1) "Eine vom Evangelium zum Kontext sich bewegende Theologie (der klassische Fall) versucht die christliche Botschaft jeweils neu zu 'übersetzen', hebt also die christliche Identität innerhalb einer Kultur ab." (2) "Ein mehr die Kultur betonendes Modell versucht den dort verborgenen Christus zu suchen und ist um die kulturelle Identität des Christen besorgt." (3) "Ein mehr am sozialen Wandel orientiertes Praxismodell (wie z.B. die Befreiungstheologien) ist an Gottes Handeln in der Geschichte interessiert und an der Orthopraxie des Christen."[1]

Meiner Meinung nach kann die Theologie der Befreiung sowohl dem dritten als auch dem zweiten Modell zugeordnet werden. Letzteres trifft vor allem für die sogenannte "ethisch-kulturelle" Strömung innerhalb der Befreiungstheologie zu.[2] Doch kann dem zweiten Modell durchaus auch die sozialkritischere Richtung der Befreiungstheologie zugeordnet werden, und zwar insofern, als diese mehr und mehr darum bemüht ist, die Volkskultur und die Volksreligion explizit zu berücksichtigen. Denn Gottes Handeln am armen und glaubenden Volk in Lateinamerika wie auch die auf dieses Handeln antwortende Volkspraxis der Befreiung ereignen sich nicht fernab jeglicher geschichtlichen Realität. Vielmehr nehmen sie in der Welt und in der Kultur des Volkes Leib und Gestalt an.

Ich erwähnte die kontemplative Praxis der Befreiung als den ersten, vorreflexiven, praktischen Akt, aus dem heraus und über

1 Vgl. *M. Sievernich*, Konturen einer interkulturellen Theologie, in: Zeitschrift für Katholische Theologie 110 (1988), 257-283, hier 267.

2 Ich beziehe mich hier auf die im zweiten Kapitel behandelte dritte Linie der Befreiungstheologie. *R.Fornet-Betancourt* verwendet die Bezeichnung "Kulturethische Strömung", um die dieser Linie entsprechende Richtung der Befreiungsphilosophie zu charakterisieren. Vergl. *ders.*, Philosophie und Theologie der Befreiung, Frankfurt am Main 1988, 72ff.

den die Befreiungstheologie im Licht des Glaubens reflektiert. Des weiteren wies ich darauf hin, daß es sich bei diesem ersten Akt nicht nur um einen theologischen, sondern auch um einen ethischen und geschichtlichen Akt handelt. Als geschichtlicher Akt ist dieser erste Akt sowohl sozialgeschichtlich als auch geschichtlich-kulturell zu verstehen, womit gemeint ist, daß er in einer bestimmten Gesellschaft und in einer bestimmten Kultur Leib und Gestalt annimmt. Aus diesem Grund kann und muß sich die kritische Reflexion sowohl der Sozialwissenschaften als auch der Geschichts- und Kulturwissenschaften bedienen, will sie die Lage und die Praxis theologisch im Licht des Evangeliums ausdeuten. Somit also trifft für die Befreiungstheologie nicht nur das dritte, sondern auch das zweite der oben erwähnten Modelle zu, doch ist sogleich hinzuzufügen, daß es in Lateinamerika nicht nur darum geht, wie Sievernich dies für das zweite Modell betont, den in der Kultur verborgenen Christus zu suchen. Vielmehr ist davon auszugehen, so das Dokument von Puebla, daß "die Volksreligiosität die Kultur Lateinamerikas prägt."[3] Denn wie bereits gesagt, ist die "Religion des lateinamerikanischen Volkes ... in ihrer ausgeprägtesten kulturellen Form Ausdruck des katholischen Glaubens. Es ist ein Volkskatholizismus."[4] Demzufolge ist dann auch die "Volksreligiosität ... nicht nur Gegenstand der Evangelisierung, sondern, da sie das fleischgewordene Gotteswort beinhaltet, ist sie auch eine aktive Form, in der das Volk sich ständig selbst evangelisiert."[5] Aus diesem Grunde ist nicht nur über den in der lateinamerikanischen Volkskultur verborgenen Christus zu sprechen, sondern auch vom inkulturierten Antlitz Christi.

Im folgenden nun möchte ich aufzuzeigen versuchen, daß bzw. inwiefern die aus der Volksspiritualität und der Praxis des Volkes entstandene Befreiungstheologie eine echte inkulturierte Theologie ist bzw. sein kann. Meine These lautet: Die lateinamerikanische Volksweisheit ist das vermittelnde Glied, das den Übergang von der lateinamerikanischen Volkskultur, der Volksreligion, der Praxis des Volkes und der Volksspiritualität zu einer darin verwurzelten inkulturierten Theologie leistet. In einem ersten Schritt möchte ich die von mir hier verwendete

---

3 Vgl. DP 452.

4 Vgl. DP 444.

5 Vgl. DP 450.

Begrifflichkeit erläutern. In einem zweiten Schritt werde ich dann zu erklären versuchen, inwiefern die Volksweisheit für die inkulturierte Theologie eine ähnliche Rolle übernehmen kann, wie dies die Philosophie für die Theologie als Wissenschaft tut. Daran anschließend werde ich die Folgen diskutieren, die die Inkulturation der Theologie in die lateinamerikanische Volkskultur für den hermeneutischen Ort der Theologie, für das Verständnis ihrer theologischen Inhalte und für ihre Denkform hat.

4.1 Erläuterung der im folgenden verwendeten Termini

Wenn ich in bezug auf die lateinamerikanische Volksfrömmigkeit bzw. die lateinamerikanische Volksspiritualität von "Volksweisheit" spreche, so denke ich bei dem Wort "Weisheit" an ein kontemplatives und intuitives Wissen, das dem Volk als Subjekt seiner eigenen Kultur zukommt (lateinisch "sapientia"; von "sapere": schmecken). Es ist dies ein Wissen des Volkes um den letzten Sinn und Wert des Lebens, ein Wissen um den Urgrund des Lebens also und um all das, was auf diesen verweist. Dieses Wissen um das Letzte und Eigentliche strukturiert den menschlichen Lebensstil (d.h. die Kultur)[6] wie auch Kulturethos, d.h. die besondere Art und Weise der Beziehung dieses konkreten Volkes zu Gott, zu den Mitmenschen und zu den Dingen. Theologisch gesprochen sind für das, was die Volksweisheit als echte Weisheit ausweist, nicht allein kulturanthropologische, erkenntnissoziologische oder philosophische Kriterien bestimmend, maßgebend ist vielmehr Christus, die Weisheit Gottes. Denn erst im Blick auf Christus läßt sich echte menschliche Volksweisheit theologisch von Ideologien unterscheiden, wenngleich die Theologie hier auch noch andere Kriterien zu Rate ziehen muß. Was Lateinamerika betrifft, so stimme ich dem Dokument der Bischöflichen Vollversammlung von Puebla zu, das behauptet: "Die Religiosität des Volkes ist in ihrem Kern ein

6 Vgl. Gaudium et Spes 53. cf. DP 386. Zum Begriff "Kultur" siehe *Alfaro;*, *J.Carrier*, "Understanding Culture": The Ultimate Challenge of the World-Church?, in: *J.Gremillion*, The Church and Culture since Vaticanum II, Notre Dame 1985, 13-30 (dort weitere Literaturhinweise).

Schatz von Werten, der mit christlicher Weisheit auf die großen Existenzfragen Antwort gibt."[7]

Das Puebla-Dokument spricht in diesem Zusammenhang auch von "katholischer Volksweisheit" und betont: "Diese Weisheit ist auch für das Volk ein Grundprinzip für sein Unterscheidungsvermögen, ein vom Evangelium getragener Instinkt, aufgrund dessen es spontan begreift, wann in der Kirche dem Evangelium gedient wird, und wann es ausgehöhlt und durch andere Interessen erstickt wird."[8]

Der Begriff "Volksweisheit" meint also zunächst einmal und ganz allgemein: die Weisheit des Volkes als eines geschichtlich-kulturellen Kollektivträgers eines gemeinsamen Lebensstils, d.h. einer Kultur (vgl. DP 385). Darüber hinaus bezeichnet dieser Begriff dann aber auch die Weisheit der Armen und Einfachen im besonderen, die, weil sie das Privileg des Reichtums, der Macht oder des akademischen Wissens nicht genießen, eben darum auch nur Volk (nur "Juan Pueblo", d.h. Herr Jedermann) sind. Dem Dokument von Puebla zufolge hat sich die lateinamerikanische Kultur "gerade in den Armenschichten als Lebens- und Existenzgrundlage erhalten ... Sie kommt ... zum Ausdruck ... in der künstlerischen Gestaltung, in der lebendigen Frömmigkeit und in den Bereichen des solidarischen Zusammenlebens."[9] Über die lateinamerikanische Volksreligiosität heißt es an anderer Stelle dann entsprechend: "Diese Volksreligion wird insbesondere von den 'Armen und Einfachen' ... gelebt, umschließt jedoch alle gesellschaftlichen Gruppen und ist zuweilen eines der wenigen Bande, das die Menschen in unseren politisch so gespaltenen Nationen vereint."[10]

Johannes Paul II. war der erste Papst, der den Begriff "Inkulturation" gebrauchte. Seiner Meinung nach ist dieser Begriff "nicht nur ein schöner Neologismus, vielmehr drückt er eines der Elemente des Geheimnisses der Menschwerdung aus." Nach Ansicht des Papstes geht es hier sowohl um die Inkulturation des Gotteswortes in die biblischen als auch in die Inkulturation dieses Wortes in die heutigen Kulturen, denn "sie sind - ge-

7 Vgl. DP 448.
8 Ebd.
9 Vgl. DP 414.
10 Vgl. DP 447.

mäß einer gewissen Analogie mit der Menschheit Christi - dazu berufen, an der Würde des Logos Gottes teilzunehmen."[11]

In Anlehnung an Papst Paul VI. betont Johannes Paul II., daß die Evangelisierung bis zum Herzen der Kultur und der Kulturen eindringen muß, um, wie er hinzufügt, "ihnen (den Kulturen, J.C.S.) zu helfen, aus der lebendigen Tradition originale Ausdrücke des christlichen Lebens, Feierns und Denkens entspringen zu lassen."[12]

Demgemäß verstehe ich unter "inkulturierter Theologie" eine Form eines auf diese Weise entstandenen christlichen Denkens, d.h. ein in der eigenen Kultur "inkarniertes" theologisches Denken, das die in dieser Kultur vorhandenen Samen wie auch möglicherweise vorhandene Früchte des Gotteswortes entweder volkstheologisch oder wissenschaftlich-theologisch reflektiert. Denn ein inkulturiertes Glaubensleben und eine inkulturierte Glaubenspraxis sollten immer auch mit einem inkulturierten "intellectus fidei", d.h. einem inkulturierten Glaubensverständnis einhergehen, will der Intellekt seine kulturellen Wurzeln nicht verlieren. Leider ist ein solcher Verlust bei lateinamerikanischen Theologieprofessoren nicht selten zu beklagen.

4.2 Volksweisheit und Inkulturation

4.2.1 Weisheit der Völker und inkulturierte Theologie

Als sich das II. Vatikanische Konzil im Dekret "Ad Gentes" für "eine erneuerte, in der Kultur verwurzelte theologische Gesinnung für jeden sozio-kulturellen Großraum" aussprach, betonte es zugleich, daß es im Zuge eines solchen Unternehmens nicht nur die Philosophie, sondern auch die Weisheit der Völker zu

---

11 Vgl. Cathechesi Tradendae 53. Siehe auch die Ansprache Johannes Paul II. an die Bibelkommission in: Acta Apostolicae Sedis 71 (1979), 607 ff. Zum Themenbereich "Inkulturation" siehe den Bericht der Internationalen Theologenkommission: Fede e inculturazione, in: Civiltá Cattolica 140-141 (1989), 158-177; ferner: *H. Waldenfels*, Inkulturation, in: U. Ruh, D. Seeber, R. Walter (Hg.), Handwörterbuch religiöser Gegenwartsfragen, Freiburg i.Br. 1986, 169-173; *R.O. Costa* (Hg.), One Faith, many Cultures, Inculturation, Indigenization and Contextualization, Cambridge (USA), 1988.

12 Vgl. Cathechesi Tradendae 53; vgl. Evangelii Nuntiandi 19 und 20.

berücksichtigen gelte.[13] Dies trifft vor allem für jene Völker zu, die, wie im Fall der Völker Lateinamerikas, eine in der eigenen Kultur verwurzelte Philosophie überhaupt noch nicht entwickelt haben. Nicht zuletzt in solchen Fällen also kann die Volksweisheit als vermittelnd für ein Denken des Glaubens herangezogen werden, das in der jeweiligen Kultur seine menschlichen Wurzeln hat. Denn das, was als Sinn des Lebens den weisheitlichen (ethisch-mythischen) Kern einer bestimmten Kultur ausmacht,[14] schließt ein erlebtes, praktisch gewußtes und in Symbolen ausgedrücktes Verständnis der Grundfragen des menschlichen Daseins ein und damit einhergehend ein Verständnis der letzten Wirklichkeit des Menschen (nämlich Gottes oder des Göttlichen und der Natur). Ein solcher Sinn des Lebens und des Todes ist aber gleichzeitig allgemein-menschlich und geschichtlich-kulturell gebunden. Von daher könnte hier der Ausgangspunkt für ein inkulturiertes philosophisches Denken liegen. Somit wird verständlich, warum das Konzil die Philosophie und die Weisheit der Völker als eine gleichermaßen zu berücksichtigende Grundlage für eine inkulturierte Theologie erwähnt.

Die Rolle der Vermittlung zwischen der eigenen Kultur und einem inkulturierten theologischen Denken zu übernehmen, ist für die Volksweisheit vor allem dann möglich, wenn diese vom Evangelium bereits innerlich berührt wurde. Dies ist in Lateinamerika der Fall, und zwar insofern, als sich die Volkskultur hier, was ihren innersten Kern, ihre Grundwerte und Grundüberzeugungen wie auch ganz allgemein ihre Einstellung zum Leben betrifft, wesentlich vom Evangelium beeinflußt zeigt.

Weiter oben wurden mehrere Stellen aus dem Dokument von Puebla zitiert; es ließen sich durchaus weitere nennen.[15] Zwei

---

13 Vgl. Ad Gentes 22.

14 Zum ethisch-mythischen Kern der Kulturen vgl. *P. Ricoeur*, Weltzivilisation und nationale Kulturen, in: *ders.*, Geschichte und Wahrheit, München 1974.

15 Trotz der Gefahr, mit allzuvielen Zitaten zu langweilen, möchte ich noch ein weiteres Zitat aus dem Dokument von Puebla anfügen: "Diese vom Glauben durchdrungene Kultur ... äußert sich in den besonderen Formen der Religion unseres Volkes, die von einem tiefen Gefühl der Transzendenz und zugleich der Nähe Gottes erfüllt sind. Dies kommt in einer Volksweisheit mit kontemplativen Zügen zum Ausdruck, die die besondere Art prägt, in der unsere Menschen ihre Beziehung zur Natur und den Mitmenschen erleben, sie kommt in einem besonderen Sinn für Arbeit und Feiern, für Solidarität, Freundschaft und Verwandtschaft zum Ausdruck. Sie äußert

Sachverhalte möchte ich anhand dieser Zitate kommentieren: Zum einen prägt das christliche Menschenbild diese Weisheit derart, daß sie allgemeingültige Züge erhält. Zum anderen werden diese Züge auf eine so besondere Art und Weise, oder anders gesagt: auf eine so inkulturierte Weise erlebt, gewußt und symbolisch dargestellt, daß sie die Grundlage für eine inkulturierte Theologie bieten, die ebenso allgemeingültig wie kulturgebunden sein kann. Hier ist u.a. ein besonderer Sinn für das Feiern und die Kontemplation wie auch für Solidarität, Freundschaft und Verwandtschaft zu erwähnen. Ich wies bereits darauf hin, daß die lateinamerikanische Volksreligion in einer echten Volksspiritualität aufblüht, insofern es in den kirchlichen Basisgemeinden und ähnlichen christlichen Volksgruppen zu einer neuerlichen Begegnung der Heiligen Schrift kommt. In diesen Fällen ist es dann noch weniger ein Problem, die vermittelnde Rolle der geistig-geistlichen Volksweisheit für eine inkulturierte Theologie anzuerkennen. Hier wird sie zum Kern einer echten inkulturierten Volkstheologie.

4.2.2 Die ähnliche Rolle von Philosophie und Volksweisheit

Um die vermittelnde Funktion der Volksweisheit verständlicher zu machen, werde ich nun zum Vergleich auf die Rolle der aristotelischen Philosophie innerhalb der spekulativen Theologie des Thomas von Aquin zu sprechen kommen.[16] Bei Thomas ist nicht die Philosophie, sondern der Glaube Ausgangspunkt seiner Überlegungen. Durch eine Art Kreisbewegung (nämlich der Bewegung des hermeneutischen Zirkels) kommt er dann zum theologischen Glaubensverständnis zurück. Die aristotelische Begrifflichkeit wird von Thomas im Licht des Glaubens betrachtet. Dabei werden die aristotelischen Kategorien nach eingehender Prüfung und Läuterung so umgeformt und für den Glauben dienstbar gemacht, daß dieser mit ihrer Hilfe begrifflich und systematisch verstehbar wird.

---

sich ebenso im Gefühl für die eigene Würde, die durch ihr armes und einfaches Leben nicht herabgesetzt wird." (DP 413)

16 Ich beziehe mich hier hauptsächlich auf die prima quaestio des Prima Pars der Summa Theologica. Zur Entwicklung des thomasischen Denkens hinsichtlich dieser Problematik siehe *M. Corbin*, Le chemin de la théologie chez Thomas d'Aquin, Paris 1974.

Die aristotelische Theorie von Akt und Potenz etwa und die aristotelische Auffassung der Wirkursächlichkeit werden im Licht des biblischen Glaubens an die freie Gottesschöpfung aus dem Nichts betrachtet, geprüft, von allen Elementen gereinigt, die gegen den biblischen Glauben verstoßen und so semantisch umgestaltet. Thomas reinigte so die Theorie des Aktes und der Potenz von der aristotelischen Auffassung der Ewigkeit der Materie, der Bewegung und der Zeit. Die Theorie des Aktes wird auf das Sein angewendet, die Wirkursächlichkeit nicht nur immanent und physisch aufgefaßt, sondern auch analogisch als Transzendenz und schöpferisch umgedacht. Erst nachdem also diese aristotelischen Kategorien von allem, was dem Glauben entgegensteht, gereinigt und im Licht des Glaubens umgestaltet worden waren, konnten sie Thomas als begriffliche Vermittlung dienen, um den biblischen Glauben an Gott den Schöpfer neu, d.h. auf wissenschaftliche und systematische Weise verstehbar werden zu lassen. Für Thomas besteht die weiter oben erwähnte Kreisbewegung aus zwei Phasen. Die erste Phase ist bestimmt durch die kritische Prüfung und Läuterung sowie durch die Umgestaltung des aristotelisch-philosophischen Instrumentariums durch den christlichen Glauben. Der Weg der zweiten Phase führt dann zum Glaubensverständnis zurück, und zwar insofern, als man durch die Vermittlung der schon gereinigten und umgestalteten philosophischen Begriffe nun zu einer neuen Glaubenseinsicht, nämlich zur systematischen Theologie gelangt. So antwortete Thomas auf eines der wichtigsten kulturellen Probleme seiner Zeit, auf das Problem der Übernahme aristotelischen Gedankenguts durch das christliche Denken. Für Thomas haben die im Licht des Glaubens kritisch geläuterten aristotelischen Begriffe eine vermittelnde und dienende Funktion; es geht darum, den Glauben mit Hilfe der Vernunft zu verstehen und auszudeuten. Dabei werden die aristotelischen Begriffe von allem gereinigt, was dem Glauben zuwider läuft. Nichtsdestoweniger bleibt die philosophische Autonomie dieser Begriffe unangetastet. Da die Weisheit der Völker nicht weniger sinnvoll, weise und vernünftig ist als die der Philosophie, kann sie der Theologie auch einen ähnlichen Dienst wie das philosophische Denken erweisen. Im Licht des Glaubens als des Formalobjektes kann also die Lebensweisheit eines jeden Volkes kritisch geprüft, geläutert und durchformt werden. Dabei werden dann die einem jeden Volk eigenen Kulturwerte und Symbole, Lebensauffassungen und Maßstäbe, Kategorien und Denkformen im Licht des Glaubens betrachtet und ggf. geläutert; und doch werden diese in ihrer menschlichen Eigentümlichkeit und Selbständigkeit respektiert und vertieft. Es handelt sich hier um eine semantische Transsignifikation[17], wobei jedoch die ursprüngliche menschliche Bedeutung und die jeweilige kulturelle Eigenart unangetastet bleiben. Denn in Christus wird das Menschliche in seiner wahren Menschlichkeit geoffenbart und in seiner menschlichen Autonomie respektiert und befreit.

Auf der anderen Seite können die so gereinigten und umgeformten kulturellen Werte und Denkformen zur Vermittlung bzw. als Instrumentarium herangezogen werden, um den Glauben in seiner kulturellen Verwurzelung neu verstehen zu lernen. Im Hin und Her dieses Kreises, genauer gesagt des hermeneutischen Zirkels, kann eine inkulturierte Theologie entstehen. Umgekehrt kann die neue Kultur auf eventuell veraltete Verständnisformen des Glaubens aufmerksam machen und so ihrerseits zu einem besseren Glaubensverständnis beitragen. Was die Klärung des Verhältnisses von Glaube und Vernunft betrifft, so habe ich mich vom thomistischen Zirkel hier deshalb inspirieren lassen, weil dieser die noetische Einheit von Glaube und Wissen gemäß dem chalzedonischen Modell zu begreifen sucht. Dieses nämlich entspricht der inkarnatorischen und sakramentalen Struktur der Christusoffenbarung und infolgedessen auch ihrer rationalen Erfassung durch eine inkulturierte, d.h. in einer bestimmten Kultur inkarnierten Theologie. Analog der hypostatischen Einheit des Göttlichen und des Menschlichen in Jesus Christus stellt sich das Verhältnis von Glaube und Wissen im Rahmen einer noetischen Einheit als unvermischt und ungetrennt dar.[18] Mir geht es hier nicht in erster Linie um das Verhältnis von philosophischer Weisheit und theologischer Wissenschaft, sondern um das Zusammenspiel von Volksweisheit und inkulturierter Theologie.

---

17 In eine ähnliche Richtung zielend, spricht *C. Boff* von "semantischer Umwertung." Vgl. TP, Teil 2, Kap. 3, Nr. 14.

18 Die Formulierung "noetische Einheit" ist der epistemologischen Diskussion über die katholische Soziallehre entlehnt. Vgl. mein Werk: Teologia de la liberación y doctrina social de la Iglesia, Madrid-Buenos Aires 1987, 192.

Obwohl ich nun bereits mehrmals von einem hermeneutischen Zirkel sprach, handelt es sich auch hier eigentlich nicht um eine zweipolige oder kreisförmige, sondern eher um eine dreidimensionale Bewegung. Denn der Glaube, in dessen Licht die Volksweisheit einer bestimmten Kultur gedeutet wird, ist ja bereits ein in einer anderen Kultur inkarnierter und von daher schon theologisierter Glaube. Papst Johannes Paul II. sprach sogar von der Inkulturation des Gotteswortes in den biblischen Kulturen.[19] Wenn ein Missionar in einem fremden Land predigt und so das Evangelium verkündet, dann geschieht das nie anders als auf der Basis einer in seiner eigenen Kultur inkulturierten Theologie. Und so war es dann auch bei den iberischen Missionaren in Lateinamerika, als diese den Indianern den Glauben verkündigten. Als später dann ein Kultur-Mestizentum entstand, kam es allmählich zu einer Inkulturation des Glaubens. Leider fand eine ähnliche Entwicklung nicht auch parallel in der Theologie statt. Ein bereits inkulturierter und theologisierter Glaube muß somit von jeder Verabsolutierung der jeweiligen Kultur, wie z.B. der westlichen, gereinigt und von jedem Anspruch, diese Kultur mit dem Glauben zu identifizieren, befreit werden. Erst wenn eine Verabsolutierung der Kultur nicht mehr zu befürchten ist, kann diese zur Vermittlung des Glaubensverständnisses herangezogen werden. Insofern die Kultur dem Glaubensverständnis Leib und Gestalt für den Prozeß der Inkulturation bzw. Inkarnation bietet, wird sie selbst irgendwie "verklärt." Doch verliert sie dabei weder ihre Eigenart noch ihre Selbständigkeit. Zwischen diesen beiden Polen, d.h. zwischen zwei inkulturierten Glaubensverständnissen, wie z.B. dem europäischen und dem lateinamerikanischen, stellt der Glaube selbst gewissermaßen das prioritäre und normative "magnetische Feld" dar, das beide Kulturen und beide inkulturierten Theologien insofern transzendiert, als sich der Glaube in ihnen "inkarniert." So kann der Glaube von innen her den Wissensaustausch zwischen der alten und der neu entstandenen inkulturierten Theologie vorantreiben, ausrichten, normieren und beurteilen. Hier ist nicht der Platz, die Kriterien anzugeben, mittels derer sich ein solcher Austausch der Theologien aus dem Glauben heraus angemessen beurteilen ließe. Nur soviel sei gesagt, daß es sich um einen lebendigen theologischen Prozeß

19 Vgl. *Papst Johannes Paul II.*, Ansprache an die Bibelkommission, a.a.O. (s. Anm. 11).

handelt, der nie aufhören wird. Denn die Evangelisierung der Kulturen und die Inkulturation des Evangeliums bzw. der Theologie ist eine immerwährende und stets neu sich stellende Aufgabe.

4.2.3 Einige Ansätze einer inkulturierten Theologie

Was weiter oben unter Bezugnahme auf die aristotelische Philosophie eher abstrakt gesagt wurde, ließe sich anhand mehrerer Beispiele durchaus konkretisieren. Es mag hier jedoch genügen, auf zwei gänzlich verschiedene Ansätze einer inkulturierten Theologie hinzuweisen. Der erste Ansatz ergibt sich im Bereich der Ekklesiologie; der zweite wirft die Frage nach einer lateinamerikanischen "theologischen Ästhetik" (im Sinne Hans Urs von Balthasar) auf.

(1) Das wachsende Bewußtsein des lateinamerikanischen Volkes, Träger der eigenen Geschichte, Kultur, Frömmigkeit und Lebensweisheit zu sein, ist eine Frucht der kulturellen, religiösen und politischen Erfahrung in Lateinamerika. Diese drückte sich zum Beispiel in Argentinien in der vornehmlich politisch konnotierten Kategorie "comunidad organizada" aus, wonach unter "Volk" vor allem eine organisierte Gemeinschaft verstanden wurde. Dies erleichterte das tiefere Erfassen der Lehre der Schrift und des Konzils von der Kirche als Volk Gottes und half den Boden für eine ekklesiologische Reflexion zu bereiten, die - getreu der Offenbarung - Gemeinschaft und Institution nicht gegeneinander ausspielt, sondern diese als Einheit versteht, ähnlich wie die lateinamerikanische Volksweisheit dies aufgrund ihrer "Fähigkeit zur Lebenssynthese" tut.[20] Der biblische Glaube wirft nun seinerseits ein neues Licht auf die bevorzugte Stellung der Armen im Volk wie auch auf die Auffassung der Einheit des Volkes als eine Einheit in Brüderlichkeit und Gerechtigkeit. Umgekehrt führte die Erfahrung, ein Volk zu sein, in dem die Armen eine zentrale Rolle spielen (sollen), zu einem tieferen Verständnis der Kirche als Volk Gottes. So konnte die argentinische Theologie (siehe z.B. Lucio Gera) eine vorkonziliare und allzu juridische Ekklesiologie überwinden, ohne an den Klippen einiger neuerer Ekklesiologien zu scheitern, sei es jener, die Gefahr laufen, sich zu sehr auf kleine charismatische Gruppen zu

---

20 Vgl. DP 448.

beschränken, oder aber jener, die den Begriff "Volk" eher im klassenkämpferischen Sinne auszudeuten suchen. Eine inkulturierte Ekklesiologie lernte somit von der Volksweisheit, die Elemente "Basis" und "brüderliche Gemeinde" in einem tieferen Sinn als lebendige "Institution" und "organische Gemeinschaft" zu verstehen und beide Elemente als eine Einheit zu betrachten.

(2) Ein typisches Phänomen der Volksfrömmigkeit in Argentinien ist das sogenannte "tomar gracia" ("Gnade entnehmen"). Dabei ist es üblich, daß die Gläubigen lange Schlangen bilden, um nacheinander die heiligen Bilder Christi, der Gottesmutter oder der Schutzheiligen antasten zu können und auf diese Weise Gnade zu erhalten. Dem Fremden mag ein solches Verhalten abergläubisch vorkommen. Wenn man aber das Volk näher kennt, versteht man, daß es sich hierbei um eine symbolische (aber dennoch wirksame) Gebärde handelt. Durch die Berührung des Bildes nämlich werden Christus selbst, seine Mutter oder die Heiligen glaubend, hoffend und liebend berührt, auf das einem so die Gabe ihres Segens zuteil werden möge. Ein solcher Ritus kann im Licht jener neutestamentlichen Erzählung gedeutet werden, die die Heilung der blutflüssigen Frau zum Gegenstand hat (Mk 5,25-34). Von dieser Frau wird berichtet, daß sie von hinten an Jesus herantrat, sein Kleid berührte und daraufhin gesund wurde. Von Jesus heißt es, daß er an sich selbst gespürt hatte, wie im Moment der Berührung eine Kraft von ihm ausgegangen war. Der Blick auf die klassische Lehre von den geistlichen Sinnen vermag hier sowohl das Tasten des einfachen lateinamerikanischen Volkes mit den "Händen des Glaubens" wie auch das gläubige Tasten dieser kranken Frau zu erhellen. Umgekehrt lehrt diese vertrauensvolle Gebärde der einfachen Menschen den Theologen, daß die Gnade Gottes nicht platonisch "spiritualisiert" werden darf, da sie die Gnade des fleischgewordenen und auferstandenen Christus ist. Gottes Heil zählt immer auf den ganzen Menschen und ist nie nur rein geistig zu verstehen. Denn die Gnade hat, laut Karl Rahner, eine inkarnatorische und sakramentale Struktur.

Folglich muß eine in Lateinamerika inkulturierte Theologie in ihrer Gnaden- und Sakramentenlehre die "theologische Ästhetik" ernst nehmen und der Lehre von den geistlichen Sinnen einen entsprechenden Platz einräumen. Für die Befreiungstheologie war von Anfang an klar, daß das Bild Christi das Antlitz des Armen widerspiegelt (vgl. Mt 25,31-46). Im Armen hatte bereits die andinische Volksweisheit Gott als gegenwärtig anerkannt.[21] Im Licht des Gotteswortes und mit den Augen des Glaubens vermag die Befreiungstheologie in ihm das Antlitz Christi zu schauen, um ihm, Christus, dann in Liebe zu dienen.

4.3 Eine nähere Bestimmung der Inkulturation der Theologie

Damit die Inkulturation der Theologie mit Hilfe der Volksweisheit besser verständlich wird, will ich an das in früheren Kapiteln bereits Gesagte hier noch einmal anknüpfen.
Die kontemplative Befreiungspraxis des Volkes vereinigt in sich drei unterschiedliche Dimensionen, nämlich die theologische Dimension des Glaubens, die ethische bzw. gesamtmenschliche Dimension und die geschichtlich-empirische bzw. sozio-geschichtliche und geschichtlich-kulturelle Dimension. Die unteren Dimensionen "inkarnieren" und konkretisieren die oberen, ohne sich mit diesen zu identifizieren. Entsprechend realisieren sich die oberen Dimensionen in den unteren, obwohl sie diese transzendieren.[22] Wir haben es hier also mit einem Verhältnis der reziproken, nicht reduktiven Interaktion zu tun.

Wenn also die Weisheit des Volkes die vermittelnde Rolle für das Glaubensverständnis übernimmt, bestimmt und konkretisiert sie dieses Verständnis kulturell und geschichtlich aufgrund ihres eigenen kulturellen Kontextes, obwohl sie als Weisheit, und zwar sowohl als menschliche wie auch als christliche Weisheit, eine solche inkulturierte Bestimmung und Konkretion immer zugleich auch transzendiert.

Worin besteht diese inkulturierte Bestimmung, die das Glaubensverständnis konkretisiert, ohne es zu verzerren oder zu verkürzen? Meines Erachtens besteht sie zunächst (1) aus dem "Woher" oder dem hermeneutischen Ort der Glaubensinterpretation; ferner (2) aus der daraus sich ergebenden Gesamtperspektive für diese neue Interpretation der Glaubenswahrheiten;

---

21 Ich beziehe mich hier auf alte andinische Mythen. Vgl. M. Marzal, Análisis teológico-pastoral del sincretismo latinoamericano, in: La Antigua 26 (1985), 82f. und 192f.

22 Mit I. Ellacuría bin ich der Meinung, daß man hier den Rahner'schen Begriff "Realsymbol" verwenden kann, da die unteren Dimensionen die oberen real symbolisieren. Vgl. *K. Rahner*, Zur Theologie des Symbols, in: Schriften zur Theologie IV, Einsiedeln 1960, 275-312.

im weiteren dann (3) aus dem so gewonnenen Verständnis der Glaubensinhalte und schließlich (4) aus der dieser Perspektive entsprechenden Denkform. Im Rahmen einer Inkulturation der Theologie geht es weniger um die Wahrheit der Glaubensaussagen, die unberührt und unverkürzt bleiben müssen, als vielmehr um das theologische Verständnis ihres Sinnes. Und hierbei geht es dann nicht so sehr um das Was, sondern um das Woher und das Wie dieses Verständnisses, das jenes Was in seiner Wahrheit respektiert.[23]

Wie gesagt, besteht die soeben genannte inkulturierte Bestimmung zunächst in der Ermittlung des Standpunktes und der daraus sich ergebenden Gesamtperspektive der Interpretation, die durch den sozialen, geschichtlichen und kulturellen Ort geboten wird. Dieser hermeneutische Ort eröffnet und erleichtert einige Ausblicke, erschwert oder verhindert aber möglicherweise andere (ohne dies zu leugnen). Der eingenommene Standpunkt bestimmt und bedingt die Blickrichtung und führt zu einem bestimmten, inkulturierten Verständnis der Glaubenswahrheiten. Zwar müssen sich das neue Verständnis dieser Wahrheiten und ihr traditionelles dogmatisches Verständnis nicht widersprechen. Jedoch kann das traditionelle Verständnis hier einen neuen Sinn entdecken. Denn bedingt durch ihre geschichtlich-kulturelle Herkunft sind gewisse Akzente gesetzt, andere hingegen vernachlässigt worden. Obwohl die Glaubensinhalte selbst hier nicht direkt zur Debatte stehen, geht es doch um ihre theologische Auslegung und Deutung sowie um ihre systematische Artikulation. Das nun schon mehrfach genannte Dokument von Puebla sagt über die lateinamerikanische Volksreligion, wie weiter oben bereits erwähnt, daß sie "in ihrem Kern ein Schatz von Werten" ist, "der mit christlicher Weisheit auf die großen Existenzfragen Antwort gibt."[24]

Hier geht es also um die Art und Weise, in der die Grundfragen des Menschen nach Gott, nach sich selbst, nach der Bedeutung von Leben und Tod usw. gestellt und beantwortet werden. In enger Verbindung mit dem zuletzt Gesagten sind auch die Denkarten und Denkformen sowie die entsprechenden Kategorien und Schemata zu nennen, die das theologische Denken

---

23 Vgl. meinen Aufsatz: Sabiduría popular y telogía inculturada, in: Stromata 35 (1979), 3-18.

24 Vgl. DP 448.

der jeweiligen Kultur entnimmt. Was die vermittelnde Rolle der lateinamerikanischen Volksweisheit betrifft, die diese für eine in Lateinamerika inkulturierte Theologie spielen kann, so möchte ich dafür im folgenden nun einige Beispiele geben.

Das erste Beispiel steht vor allem für die theologische Gesamtperspektive, die folgenden eher für die theologischen Inhalte und das letzte für die theologische Denkform.

Erstes Beispiel: Die theologische Gesamtperspektive. Während man in den siebziger Jahren in manchen theologischen Kreisen Europas den Wissenschaftscharakter der Theologie im Sinne der "gängigen" modernen Wissenschaftstheorien betonte, wurde in Lateinamerika eine bestimmte Art von theologischer Wissenschaftlichkeit, ja sogar von Wissenschaftlichkeit überhaupt, durch die einfache Weisheit des gläubigen Volkes, durch die Weisheit der Armen und Kleinen in Frage gestellt. Das Dokument von Puebla nennt die lateinamerikanische Kultur "eine Kultur, die sich gerade in den armen Schichten als Lebens- und Existenzausdruck erhalten hat und besonders vom Herzen und der Herzenseinsicht geprägt ist. Sie kommt nicht so sehr in den für die Wissenschaften charakteristischen Denkkategorien und Denkschemata zum Ausdruck, als vielmehr in der künstlerischen Gestaltung, in der lebendigen Frömmigkeit und in den Bereichen des solidarischen Zusammenlebens."[25]

Diese Worte können als Hintergrund für das Verständnis des folgenden Beispiels dienen. In seinem Werk "Por trás das palavras" ("Hinter den Worten")[26] schildert Carlos Mesters die Infragestellung mancher modernen wissenschaftlichen Exegese durch das Stillschweigen des einfachen brasilianischen Volkes. In Frage gestellt wurde nun nicht etwa die Richtigkeit exegetischer Erkenntnisse, sondern die Gesamtperspektive, die der Exeget darin übernahm, sowie die Fragen, die von einem eher wissenschaftlichen Verständnis der Schrift zeugten. Dieses Schweigen und das aus dem Hören des Evangeliums heraus gesprochene Wort des armen gläubigen Volkes führten bei Mesters zur Aufdeckung eines neuen Gesichtspunktes für seine bibelwissenschaftliche Arbeit, und zwar insofern, als er als hermeneutische Perspektive die Perspektive der Weisheit des Volkes zu übernehmen begann. Auf diese Weise konnte er die Frage nach dem

25 Vgl. DP 414.

26 *C. Mesters*, Por trás das palavras, Petrópolis 1974, 31ff.

geistlichen Sinn[27] der Heiligen Schrift neu aufwerfen und (nachdem er die jüngsten Etappen kritischer Exegese und Hermeneutik durchlaufen hatte) zu einer erneuten Aufwertung dieses Sinns gelangen, ohne dabei den Fortschritt der modernen Exegese verwerfen zu müssen. Denn er suchte in biblischer Perspektive das zu sehen, was das Volk in seiner Theologie und mit Hilfe der ihm eigenen Weisheit für sich selbst entdeckt hatte.

Zweites Beispiel. Über die lateinamerikanische Volksweisheit heißt es im Dokument von Puebla an einer Stelle: "Die katholische Volksweisheit hat eine große Fähigkeit zur Lebenssynthese. So führt sie in schöpferischer Weise Göttliches und Menschliches, Christus und Maria, Geist und Leib, Gemeinschaft und Institution, Person und Gemeinschaft, Glauben und Vaterland, Verstand und Gefühl zusammen."[28] Diese ausgesprochen spannungsreiche und dynamische Einheit des (scheinbar) Gegensätzlichen wird ohne jeden Dualismus oder Reduktionismus erlebt und so auch realisiert sowie theologisch reflektiert. Meines Erachtens ist es gerade diese die lateinamerikanische Volksweisheit bzw. Volksfrömmigkeit auszeichnende Fähigkeit zu vitalen Synthesen, die es dem lateinamerikanischen Volk wie auch den Befreiungstheologen möglich gemacht hatte, Erlösung und Befreiung, Heil und Heilung, Heilsgeschichte und politische Geschichte, das Volk Gottes und die Völker, göttliches und menschliches Leben, Glauben und Politik als dynamische Einheit von (scheinbar) Gegensätzlichem (ohne Vermischung, aber auch ohne Trennung) zu erleben und begrifflich zusammenzudenken. Auf diese Weise konnte eine auf der Grundlage jener Lebenssynthesen entstandene theoretische Theologie der Befreiung die Frage nach einer allumfassenden Befreiung, nach der Einheit der Geschichte, nach der sozialen Sünde, nach der Heilsgeschichte und dem Heil in der Geschichte usw. auf eine neue inkulturierte Weise aufwerfen und entsprechend auffassen, also: unvermischt und ungetrennt und dennoch geeint.

Drittes Beispiel: Das Fest des Tinkunaco. Ein noch konkreteres Beispiel der versöhnenden Einheit des Gegensätzlichen stellt das Volksfest des Tinkunaco dar, das zudem als ein Para-

---

27 Es handelt sich hierbei vor allem um den christologischen Sinn des Alten Testamentes und um den existenziellen Sinn des Alten und Neuen Testamentes für uns heute.

28 DP 448.

digma für eine mögliche Denkform einer inkulturierten politischen Theologie gelten kann.[29] Jedes Jahr am 31. Dezember feiert das Volk von La Rioja, einer Provinz im Nordwesten Argentiniens, um die Mittagszeit das Volksfest des "Tinkunaco."[30] Auf Quechua heißt das "Begegnung." In der Tat handelt es sich hierbei um die symbolische und rituelle Feier der Begegnung zweier Völker, zweier Rassen und zweier Kulturen, genauer gesagt, um die Begegnung der spanischen und der indianischen Kultur und damit um die Begegnung zweier ehemals selbständiger Völker, die in La Rioja (infolge einer Rassen- und Kulturenmischung) mittlerweile zu einem einzigen Volk zusammengewachsen sind. Dies ist das Ergebnis der schmerzlichen Dialektik der Eroberung (Herr und Knecht) wie auch der Begegnung (Mann und Frau).[31] Das Symbol dieser Begegnung ist das Zusammentreffen zweier Prozessionen, die die Standbilder des Stadtpatrons Sankt Nikolaus und des Christkinds Bürgermeister tragen. Der Ort des Zusammentreffens ist der Platz vor dem Regierungsgebäude von La Rioja. Der eine Zug, der mit dem Bild des hl. Nikolaus daherkommt, erinnert an die spanischen Kolonisatoren. Er wird durch den "alférez" (während der spanischen Kolonialzeit war dies der königliche Fahnenträger) angeführt. Die übrigen Prozessionsteilnehmer sind zu Pferde angekommen und tragen bunte Fahnen in den Händen, die zum Zeichen des Friedens zusammengefaltet sind. Die Vertreter der anderen Gruppe hingegen, die das durch Amtskleid, -hut und -stab des dadurch als Bürgermeister ausgewiesenen Christkind tragen, treten in indianischen Trachten auf; typisch sind weiße Kopftücher und mit Spiegeln versehener Schmuck auf Brust und Rücken. Diese Prozession wird vom sogenannten "Inka"

29 Die nun folgende Beschreibung dieses Volksritus wurde von mir bereits an anderer Stelle dargelegt. Vgl. meinen Aufsatz: Das Christkind Bürgermeister. Politische Liturgie in La Rioja, in: Orientierung 44 (1980), 156. Ähnliche Beispiele einer inkulturierten Theologie finden sich in meinen Artikeln: Volkspoesie und Theologie. Der Beitrag des "Martin Fierro" zu einer Theologie der Befreiung, in: Concilium 10 (1974), 228-232; Theologie und Volksweisheit in Lateinamerika, in: Orientierung 44 (1980), 152-157.

30 Zu diesem Fest siehe u.a.: *J.C. Vera Vallejo*, Las fiestas de san Nicolás en La Rioja 1970; *J. Cáceres* F., El encuentro del Tinkunaco, Buenos Aires 1964.

31 Zu diesen beiden Dialektiken siehe *G. Fessard*, Esquisse du mystère de la société et de l'historie, in: Recherches de Science Religieuse 35 (1948), 5-54 und 161-225.

angeführt. Er schlägt auf eine volkstümliche Trommel und singt zusammen mit seinen Begleitern ein Lied auf Quechua, das ebenfalls "Tinkunaco" lautet. Im Augenblick des Zusammentreffens beugen dann alle in ehrfürchtiger Haltung vor dem Jesuskind die Knie und anerkennen es als Bürgermeister der Stadt, der Provinz und der Welt. Sogar das Standbild des hl. Nikolaus - Symbol der spanischen Bevölkerung - muß dreimal das Kind verehren, das von denjenigen hochgehalten wird, die die Indianer verkörpern. Eine alte, in der Geschichte verwurzelte Volkserzählung berichtet,[32] daß es im 16. Jahrhundert zu einem Aufstand der Indianer kam, weil ein ungerechter spanischer Bürgermeister sie schlecht behandelt hatte. Es drohte die Gefahr, daß die Stadt samt ihrer spanischen Bevölkerung zerstört werden würde. Um dem entgegenzuwirken, unternahm es der hl. Franz Solano, ein franziskanischer Missionar, die Aufständischen aufzusuchen und ihnen unbewaffnet gegenüberzutreten. Im Anschluß an seine Predigt ließen sich alle indianischen Häuptlinge wie auch deren Leute - der Legende nach sollen es mehrere tausend gewesen sein - taufen. Zur Versöhnung mit den Spaniern, die zu Buße und Gebet in der Stadt geblieben waren, erklärten sie sich unter folgender Bedingung bereit: Der ungerechte Bürgermeister müsse abgesetzt und das Christkind als Bürgermeister von La Rioja allen - Spaniern und Indianer - in gleicher Weise anerkannt werden, damit künftig zum Wohl aller regiert werden könne. Ritus und Legende stellen symbolisch den Ursprung des Mischvolkes von La Rioja dar. Sie bringen zum Ausdruck, daß dieses Volk durch die konfliktive Begegnung freier Völker und Kulturen entstanden ist. Solche Symbole stellen Ungerechtigkeit und Ungleichheit in Frage. Doch verschärfen sie den Konflikt nicht, sondern fördern im Gegenteil eine auf Gerechtigkeit sich gründende Versöhnung. Darüber hinaus verlangen Ritus und Legende den Vorrang der Ärmeren und Kleinen, was sich darin ausdrückt, daß diese sich unmittelbar um das Christusbild scharen. Letztlich fordert das Tinkunaco die Anerkennung dessen, daß alle politische Macht von Gott kommt und nur dann ausgeübt werden darf, wenn dies zum Wohl aller und vornehmlich der zu Unrecht Leidenden geschieht. Infolgedessen kann das Tinkunaco eine in Symbolen, Ri-

---

32 Zur Geschichte der Legende siehe *L. Plandolit*, El apóstol de América. San Francisco Solano, Madrid 1963 (mit weiterer Literatur der Quellen).

ten und Legenden strukturierte politische Theologie genannt werden, deren symbolisches Verständnis die Weisheit des riojanischen Volkes lebendig zum Ausdruck bringt und jedes Jahr neu ins Gedächtnis ruft. Wenn, wie P. Ricoeur meint,[33] das Symbol fähig ist, die Wirklichkeit zu beschreiben, indem es das tiefste Wesen dieser Wirklichkeit wie auch deren eigene reale und künftige Möglichkeiten metaphorisch darstellt, so ist das Tinkunaco der rituelle Ausdruck des geschichtlichen Wesens des Mischvolkes, wie es von seiten der Volksweisheit wahrgenommen wird. Zugleich ist es das lebendige Sinnbild einer Grundsehnsucht dieses Volkes nach Gerechtigkeit und Frieden. Der jährlich wiederholte Ritus ist ein immer neuer Aufruf, die im Symbol dargestellten realen Möglichkeiten in eine geschichtliche Praxis umzusetzen. Es soll hier freilich nicht verschwiegen werden, daß die Symbole aufgrund ihrer Mehrdeutigkeit auch dazu beitragen können, die Unterdrückung eher zu vertuschen bzw. Gerechtigkeit, Umkehr und echte Versöhnung auf die bildliche und kultische Ebene zu beschränken. Auf diese Weise würde die Eigendynamik dieser Symbolik gebremst und die von ihnen bildhaft dargestellte Wahrheit verraten. Umgekehrt versucht die befreiende Theologie im Licht des Gotteswortes, die menschliche und christliche Volksweisheit aufzudecken, die solche Symbole in sich bergen. Diesen Weg beschritt z.B. der ehemalige Bischof von La Rioja, Bischof Angelelli (der während der Militärregierung ermordet wurde), als er das Tinkunaco zu interpretieren unternahm. Zeit seines Lebens setzte sich dieser Bischof für die Menschenrechte des riojanischen Volkes ein.

Viertes Beispiel: Die Pachamama. Die Einheit des Gegensätzlichen zeigt sich auch im inkulturierten Gottesbild, und zwar im sogenannten "indianischen Antlitz Gottes".[34] Dieses ist nicht nur Ausdruck eines synkretistischen Volkskatholizismus der indianischen (und vornehmlich der andinen) Bevölkerung Lateinamerikas, sondern Grundlage einer in Lateinamerika inkulturierten Gotteslehre. Denn die spannungsreiche Einheit von Immanenz und Transzendenz, Himmel und Erde, uranischem und chtonischem Moment der Religiosität bzw. Gottesauffassung des lateinamerikanischen Volkskatholizismus, diese Einheit kann

33 Vgl. *P. Ricoeur*, La métaphore vive, Paris 1975, insbes. Kap. VII und VIII.

34 Zum indianischen Antlitz Gottes siehe *M. Marzal* u.a., O Rosto Indio de Deus, Sâo Paulo 1989.

sowohl Züge des biblischen Gottes wie auch vergessene Dimensionen der christlichen Frömmigkeit neu entdecken helfen.[35]

Die Umdeutung des Pachamama-Kultes (d.h. des Kultes der Mutter Erde) durch christliche Indianer ist dafür ein Beispiel, das auch von Johannes Paul II. anläßlich seines Besuches in Peru aufgegriffen wurde. Hierbei handelt es sich um eine vor-inkaische Verehrung der Mutter Erde, um einen Ritus der Danksagung und der Bitte um Fruchtbarkeit innerhalb einer Logik der Reziprozität, die die andinische Kultur (und ganz allgemein die typisch lateinamerikanischen Kulturen) durchdringt. Der Ritus besteht hauptsächlich in einem Ausguss-Opfer und anderen Opfergaben. Obwohl die Pachamama für die nicht-christlichen Indianer eine Göttin war und für einige, nicht gänzlich christianisierte Eingeborene im südperuanischen Gebirge in der Tat auch heute noch eine Gott nachgeordnete Gottheit zu sein scheint, ist sie in vielen anderen Fällen zu einem lebendigen Symbol des Wirkens des christlichen Gottes geworden. Ein angesehener Forscher der andinischen Kultur und Religiosität, der Kulturanthropologe und Pastoraltheologe Manuel Marzal, schildert einige Antworten, die südperuanische Indianer auf die Frage gegeben haben, warum an die Mutter Erde so etwas wie eine Rückzahlung vorgenommen werden müsse. Eine dieser Antworten lautet: .".. damit wir für alles Dank sagen, was die Erde uns auf Gottes Geheiß hin gewährt." In einer anderen Antwort heißt es dann: .".. weil die Erde wie eine Heilige ist, die Gott sagt: 'Ich werde Deine Kinder ernähren'."[36] Diese Antworten lassen erkennen, daß die Pachamama als Mittlerin Gottes bzw. als ein lebendiges Symbol des göttlichen Wirkens verstanden wird. Einer ähnlichen theologischen Umdeutung des Pachamama-Kultes begegnen wir auch bei Johannes Paul II.: "Als eure Ahnen die Abgabe an die Erde (Mama Pacha) zurückzahlten, taten sie nichts anderes als die Güte Gottes und

---

35 Vgl. meine Aufsätze: Weisheit des Volkes und spekulatives Denken, in: Theologie und Philosophie 60 (1985), 161-187, insbes. 181-183; Begegnung der Kulturen und inkulturierte Philosophie in Lateinamerika (wird voraussichtlich 1991 erscheinen in: Theologie und Philosophie).

36 Vgl. *M. Marzal*, a.a.O. (s. Anm. 133), 163-225, hier 177; *ders.*, Análisis antropológico del sincretismo latinoamericano, in: La Antigua 26 (1985), 138.

seine wohltätige Gegenwart anzuerkennen, die ihnen Ernährung mittels des Erdbodens gewährte, den sie bebauten."[37]

Somit also trägt die christliche Umdeutung der Verehrung der Mutter Erde dazu bei, daß das inkulturierte Antlitz Gottes in Lateinamerika, ohne seine Transzendenz und seine himmlischen, väterlichen und heilsgeschichtlichen Züge zu verlieren, sowohl für das Chtonische, Mütterliche und Numinose des Religiösen als auch für dessen Immanenz, Allgegenwart und Nähe stehen kann. Der Glaube an Gott als den alleinigen und darum auch allein anzubetenden Schöpfer alles Seienden, dieser Glaube macht es möglich, die Natur bzw. die Mutter Erde frei von jeder Art von Götzendienst und versklavender Abhängigkeit zu verehren. Und so kann die christlich gedeutete und von allen nichtchristlichen Elementen gereinigte Verehrung der Pachamama das lebensspendende Wirken Gottes wie auch Gottes Liebe zu den Menschen verständlicher machen. Ich glaube, daß die typisch lateinamerikanische Marienfrömmigkeit ebenfalls eine Frucht dieser Inkulturation des Verhältnisses zu Gott ist, vermag doch die Gottesmutter für die Lateinamerikaner in besonderer Weise die mütterliche Güte und barmherzige Sorge Gottes für seine Kinder zum Ausdruck zu bringen. Somit trägt die Marienverehrung dazu bei, das Geheimnis der Liebe Gottes in Jesus Christus tiefer zu verstehen und auch die mütterlichen Züge dieser Liebe zu sehen. Darüber hinaus vermag das lebendige Symbol der Mutter Erde auch einen Zugang zu einer inkulturierten Theologie der Schöpfung respektive einer Theologie der Natur, der Erde und der Ökologie zu bieten, innerhalb derer die Natur sowohl als Gabe Gottes bedacht und entsprechend respektvoll und dankbar behandelt wird als auch so gesehen werden kann, daß sie durch Arbeit, Wissenschaft und Technik für den Menschen fruchtbar gemacht werden soll. Auch hier muß die inkulturierte Theologie über die der lateinamerikanischen Kultur eigentümliche Logik der Gratuität und Reziprozität nachdenken.[38]

---

37 Vgl. *Johannes Paul II.*, Ansprache an die Eingeborenen und Bauern in Cusco (Peru) vom 3. November 1985, in: Mensajes sociales de S.S. Juan Pablo II. en América Latina, Bogotá 1986, 159.

38 Unter den Beiträgen der Befreiungstheologie zu diesen Fragen sind zu erwähnen: *P. Trigo*, Creación e historia en el proceso de liberación, Madrid 1988, insbes. 159-187; *M. de Barros, J.L. Caravias*, Teología de la tierra, Madrid 1988.

Fünftes Beispiel: Die theologische Denkform. Ich möchte nach diesem kulturellen Exkurs nun noch einmal auf drei Merkmale der befreiungstheologischen Methode hinweisen, die auf der Ebene der Theorie und trotz des methodologischen Bruches den im Dokument von Puebla genannten Charakteristika der lateinamerikanischen Volksweisheit entsprechen. Denn für eine in Lateinamerika inkulturierte Theologie gilt, daß sie auf der Ebene der theologischen Wissenschaft mit der Denkform und dem Denkrhythmus der inkulturierten weisheitlichen Volkstheologie übereinstimmen muß. Der hermeneutische Zirkel der wissenschaftlichen Befreiungstheologie entspricht ihrer eigenen Aussage nach dem hermeneutischen Zirkel der "sakramentalen Artikulationsweise" der Volkstheologie der Befreiung. In dieser Artikulationsweise geht es weder nur darum, den Glaubenssinn des Gottesvolkes als einen "theologischen Ort" zu beschreiben, noch nur darum, den geistigen Sinn der Schrift neu auszuwerten, vielmehr geht es hier hauptsächlich um die von Clodovis Boff explizierte "Entsprechung der Verhältnisse" zwischen Jesus und seinem geschichtlichen Kontext, der Urkirche und deren Kontext, der kirchlichen Tradition und ihrem jeweiligen Kontext und uns heute in Lateinamerika und unserem geschichtlichen, kulturellen und sozialen Kontext.[39] Wenn hier von einer Entsprechung der Verhältnisse (und nicht der Termini) die Rede ist, dann handelt es sich dabei um eine Art Proportionalitäts- und Attributionsanalogie, deren Urtypus und analogatum princeps das Modell Jesus ist, womit im einzelnen seine Person, seine Praxis, seine Taten, seine Haltung und seine Worte gemeint sind. Meines Erachtens findet sich bei J.L. Segundo ein ähnliches Verständnis der Bedeutung Jesu für den heutigen Menschen.[40] Es geht nicht um eine buchstäbliche und sklavische Nachahmung Jesu, sondern um eine geschichtliche und befreiende Nachfolge Jesu kraft seines Geistes. Entsprechend behauptet J. Sobrino, daß der hermeneutische Zirkel der Befreiungstheologie ein trinitarischer ist.[41] Denn nur durch ein Leben in der Nachfolge und im Geiste Jesu wird Jesus selbst und werden der Gott Jesu und

---

39 Vgl. *C. Boff*, Teología de lo político. Sus mediaciones, Salamanca 1980, 275-280 (betr. die deutsche Übersetzung: TP, Teil 2, Kap. 4, Nr. 5).

40 Vgl. *J.L. Segundo*, El hombre de hoy ante Jesús de Nazaret, Bd. II/1 Historia y actualidad. Sinópticos y Pablo, Madrid 1982.

41 Vgl. *J. Sobrino*, Cristologia desde América Latina, Mexico 1977, XVIII.

Jesu Botschaft vom nahe gekommenen Reich Gottes verständlich. Eine Begrifflichkeit, die diesen Zirkel durchlaufen hat, ist analogisch, symbolisch, geschichtlich und praxisbezogen.[42] sie entspricht damit sowohl der im Dokument von Puebla in bezug auf die lateinamerikanische Volksfrömmigkeit und Volksweisheit genannten kulturellen Eigenarten als auch der für die lateinamerikanischen kirchlichen Basisgemeinden und Bibelkreise als typisch geltenden weisheitlichen Denkart, die Heilige Schrift symbolisch, analogisch, geschichtlich und praxisbezogen auszulegen. In einer synchronischen (nicht nur diachronischen) Dimension bezeichnet dieser Denkstil die Art und Weise, in der die wissenschaftliche Befreiungstheologie die gegenseitige, nicht reduktive Interaktion zwischen Theologie, Philosophie und Human- und Sozialwissenschaften reflektiert. Dies entspricht der Art und Weise, in der beim armen glaubenden Volk die drei Dimensionen der christlichen Praxis und Volkstheologie ungetrennt und unvermischt zusammenspielen. Diese Art des Zusammenspiels wiederum wurzelt in den weiter oben bereits erwähnten praktischen Lebenssynthesen, die der lateinamerikanischen Kultur und Volksweisheit eigen sind. Demzufolge schließt die Inkulturation der Theologie in die Volksweisheit nicht nur eine neue Gesamtperspektive und ein inkulturiertes Verständnis der theologischen Inhalte ein, sondern auch eine in der lateinamerikanischen Kultur inkarnierte wissenschaftliche Denkform.

42 Zum Verhältnis zwischen Symbol, Praxis, Inkulturation des Denkens und Analogie siehe *J.C. Scannone*, a.a.O. (s. Anm. 35); *ders.*, Das Theorie-Praxis-Verhältnis in der Theologie der Befreiung, in: K. Rahner u.a., Befreiende Theologie, Stuttgart 1977, 77-96, hier 85ff.

5. Beitrag der Philosophie der Befreiung zur Befreiungstheologie

Die Frage nach einer eigentlichen lateinamerikanischen Philosophie wurde explizit erstmals im Jahre 1837 durch den argentinischen Juristen und Rechtsphilosophen J.B. Alberdi[1] gestellt, als die politische Unabhängigkeit Lateinamerikas gesichert war und man sich um die kulturelle Identität und Selbständigkeit zu bemühen begann. Im Rahmen der Fragestellung Alberdis und ihrer Wirkungsgeschichte ist die Entstehung der Philosophie der Befreiung in Argentinien und anderen lateinamerikanischen Ländern in den 70er Jahren zu verstehen.

Diese philosophische Strömung entstand etwa 1971 in einem Problembereich, der sowohl von der sozialwissenschaftlichen Dependenztheorie als auch von der Infragestellung der ganzen bisherigen lateinamerikanischen Philosophie durch den peruanischen Philosophen A. Salazar-Bondy als auch - und nicht zuletzt - von ersten Ansätzen der Theologie der Befreiung beeinflußt war.[2] Dabei handelte es sich weder um eine ausschließlich für Lateinamerika gedachte partikuläre Philosophie noch um einen bloßen Pinselstrich lokaler Färbung, sondern um den Versuch, eine in Lateinamerika inkulturierte, aber dennoch allgemein gültige Philosophie zu entwickeln. Lateinamerika ist hier nicht nur als ein geographischer, sondern vor allem als ein ge-

---

1 Vgl. *J.B. Alberdi* Fragmento preliminar al estudio del derecho (1837), Buenos Aires 1942; *ders.*, Ideas para presidir la confección del curso de filosofía contemporánea (1842), Obras selectas, Buenos Aires 1920. Zur Position Alberdis vgl. *R. Fornet-Betancourt*, Philosophie und Theologie der Befreiung, Frankfurt am Main 1987, 53-63.

2 Vgl. meine Aufsätze: Ein neuer Ansatz in der Philosophie Lateinamerikas, in: Philosophisches Jahrbuch 89 (1982), 99-115; ferner: Weisheit des Volkes und spekulatives Denken, in: Theologie und Philosophie 60 (1985), 161-187. Ich beziehe mich im Text auf das Werk A. Salazar-Bondys: Existe una filosofía de nuestra América?, Mexico 1968. Eine der ersten Veröffentlichungen der Philosophie der Befreiung war die Sammelschrift: Hacia una filosofía de la liberación latinoamericana, Buenos Aires 1973, auf deren Einband das "Manifest" der ersten Befreiungsphilosophen abgedruckt ist.

schichtlich-sozialer und geschichtlich-kultureller Raum zu verstehen. Er bietet den hermeneutischen Ort, an dem die allgemeinen Grundfragen menschlichen Lebens und Seins philosophisch gestellt werden können. Denn die Philosophie - wie sie in Lateinamerika an den Universitäten oft vertreten wird - hat kaum eine Verbindung mit der eigenen Kultur und mit dem eigenen Volk und seiner geschichtlichen und sozialen Lage. Sie wurzelt vielmehr in anderen kulturellen Kontexten (Frankreich, Deutschland, USA...), ist nicht selten entfremdet und bleibt so den Problemen und Fragestellungen des lateinamerikanischen Menschen als solchem fern.

Mit der Frage nach einer eigenständigen, im kulturellen Kontext verankerten Philosophie stellt sich zugleich die Frage nach dem hermeneutischen Ort dieser Philosophie. Wie kann die philosophische Reflexion die Gesamtperspektive des Verständnisses ihrer allgemein menschlichen Inhalte, ja vielleicht sogar ihre eigene Denkform finden, um eine zugleich inkulturierte und allgemeingültige Philosophie denken zu können? Eine solche Fragestellung, die seit Alberdi ihre eigene Geschichte hat, wurde durch die ersten Schritte der Befreiungstheologie neu angeregt und fruchtbar gemacht.

Zunächst zeigte sich dieser Einfluß bei christlichen Philosophen wie E. Dussel und I. Ellacuría und auch bei mir selbst. Dann wurden durch unsere Vermittlung auch nichtchristliche Philosophen, wie z.B. A.A. Roig beeinflußt. So ist der Ausdruck "Philosophie der Befreiung" in Argentinien bereits 1971 entstanden, bevor er dann später auch in anderen Ländern, wie Kolumbien, Mexiko, Peru, El Salvador, Venezuela, Brasilien usw. üblich wurde.

Ich möchte an dieser Stelle hier weder die Entwicklung der Philosophie der Befreiung noch den Beitrag der Befreiungstheologie zu dieser philosophischen Bewegung behandeln, sondern umgekehrt auf den Beitrag hinweisen, den die Befreiungsphilosophie der Theologie der Befreiung bislang geleistet hat und (auch weiterhin) leisten kann. Dabei will ich zunächst auf den epistemologischen (d.h. wissenschaftstheoretischen) Ort eines solchen Beitrags eingehen. Hernach werde ich einige der im Hinblick auf die Befreiungstheologie bislang tatsächlich geleisteten Beiträge der Philosophie der Befreiung reflektieren. In einem dritten Schritt werde ich dann auf weitere und derzeit noch offenstehende, m.E. jedoch durchaus wünschenswerte Beiträge hinweisen.

5.1 Der epistemologische Ort des befreiungsphilosophischen Beitrags zur Befreiungstheologie

Gemäß der Auffassung von G. Gutiérrez - dem geistigen Vater der Theologie der Befreiung - ist die Praxis der Befreiung gleichzeitig theologisch, ethisch und geschichtlich zu verstehen.[3] Es geht um die Befreiung von der Sünde wie auch um die Befreiung von den ethischen und geschichtlichen (sozialen, politischen, kulturellen und ökonomischen) Folgen der sozialen Sünde, die sich gegen die Menschenwürde der Kinder Gottes richten. Auf der Ebene der Wissenschaft entsprechen drei Gesichtspunkte den soeben genannten praktischen Dimensionen der Befreiung. Es sind dies: der theologische, der philosophische und der human- und sozalwissenschaftliche Gesichtspunkt. Um die geschichtliche Lage und Praxis im Licht des Glaubens interpretieren und beurteilen zu können, bedient sich die Theologie der Befreiung nicht nur des Instrumentariums der philosophischen Begrifflichkeit, vielmehr greift sie zu diesem Zweck auch auf das gesellschaftsanalytische Instrumentarium der Sozialwissenschaften zurück. Denn um die geschichtliche und soziale Situation Lateinamerikas im Licht des Evangeliums ausdeuten und einschätzen zu können, muß diese Situation zuvor und mit Hilfe der Sozialwissenschaften erst einmal richtig erkannt werden. Sowohl innerhalb der realen Einheit der oben genannten praktischen Dimensionen der Befreiung wie auch innerhalb der ihnen entsprechenden wissenschaftlichen Bedeutungsebenen kommt der ethisch-anthropologischen Dimension bzw. Bedeutungsebene eine mittlere und vermittelnde Rolle zu. Der Philosophie der Befreiung kommt die Aufgabe zu, dieses mittlere und vermittelnde Moment und damit das allgemein- und gesamtmenschliche Moment der Befreiung und der Befreiungspraxis kritisch zu reflektieren. Die Philosophie der Befreiung muß einerseits die Beiträge der Human- und Sozialwissenschaften kritisch prüfen und in ein Gesamtbild des zu befreienden Menschen und der

---

3 Zu den drei Bedeutungsebenen des Begriffs "Befreiung" vgl. *Gutiérrez*, TdB, 41f. Die im vorliegenden Text verwendeten Bezeichnungen der drei Ebenen sind von mir.

Befreiung integrieren. Andererseits kann sie sich in den Dienst eines noch umfassenderen Glaubensverständnisses des Menschen und der Befreiung stellen. Aus diesem Grund sprach ich oben über die vermittelnde Rolle der Philosophie der Befreiung. Mit diesem mittleren und vermittelnden epistemologischen Ort ist dann auch die Stelle genannt, an der spezifisch der befreiungsphilosophische Beitrag zur Befreiungstheologie zu erwarten ist. Eine solche vermittelnde Funktion schließt allerdings die gegenseitige Kritik und Befruchtung der drei genannten Bedeutungsebenen nicht aus, sondern ein. Die Philosophie der Befreiung empfängt nicht nur die Kritik und den Beitrag der Befreiungstheologie, sondern auch die Kritik und den Beitrag der Human- und Sozialwissenschaften, die sie ihrem eigenen Gesichtspunkt bzw. Formalobjekt gemäß aufnimmt. Bevor ich hier nun weiter fortfahre, muß ich in Parenthese betonen, daß die eventuelle Dienstleistung der Befreiungsphilosophie der Theologie gegenüber diese ihrer rationalen Autonomie und philosophischen Eigenart wie auch ihrer rein philosophischen Methode keineswegs beraubt. Denn die Erfahrung des "Einbruchs der Armen" in die Geschichte, in die Gesellschaft und in das Bewußtsein von Lateinamerika und damit einhergehend die Infragestellung von Geschichte, Gesellschaft und Bewußtsein durch die Armen wie auch die befreiende Option für die Armen können nicht nur im Licht des Evangeliums, sondern auch im Licht der menschlichen Vernunft kritisch reflektiert, ausgelegt, geprüft und eingeschätzt werden.[4]

Im ersten Fall handelt es sich um eine Theologie, im zweiten um eine Philosophie der Befreiung, zu der auch Nichtchristen einen Zugang finden können. Wenn aber eine solche Erfahrung und eine solche Praxis im Licht eines regionalen Formalobjektes und gemäß der Methode der diesem Formalobjekt entsprechenden empirischen Wissenschaft analysiert und gedeutet werden, befinden wir uns in einem Bereich der empirischen Human- und Sozialwissenschaften (Soziologie, Wirtschaftswissenschaften, Politologie, Kulturanthropologie).

4 Vgl. meinen Aufsatz: La irrupción del pobre y la pregunta filosófica, der in der Festschrift für H. Mandrioni zu dessen 70. Geburtstag erschien: Vigencia del filosofar, Buenos Aires 1991, 221-227.

5.2 Zu bereits geleisteten befreiungsphilosophischen Beiträgen zur Befreiungstheologie

Die Befreiungstheologie wird gelegentlich dahingehend kritisiert, daß sie wegen ihrer bevorzugten Verwendung der gesellschaftsanalytischen Vermittlung die philosophische Begrifflichkeit und Kritik vernachlässigt habe. Unter anderem können hier die Kritik des uruguayischen Laientheologen A.Methol-Ferré an G.Gutiérrez und die des italienischen Philosophen R. Buttiglione an C.Boff als Beispiele angeführt werden.[5] Doch ist auf der anderen Seite hier auch auf die große Wertschätzung hinzuweisen, mit der der spanisch-römische Theologe J. Alfaro die philosophischen Beiträge von E.Dussel und von mir zu einer Theologie der Befreiung erwähnte.[6] In seinen Augen ist es Dussel und mir gelungen, die philosophische Kritik wie auch die philosophische Begrifflichkeit und Hermeneutik für die Befreiungstheologie dienstbar gemacht zu haben. Dies jedoch trifft auch für andere Befreiungsphilosophen zu, so z.B. für I. Ellacuría aus El Salvador, oder auch (wenngleich eher indirekt, da nicht ausdrücklich beabsichtigt) für den argentinischen Philosophen und Kulturanthropologen R. Kusch.

Im folgenden nun möchte ich auf drei der oben erwähnten Beiträge näher eingehen, und zwar erstens auf die Hervorhebung der ethischen Andersheit und Transzendenz der Armen und damit auf die Betonung der nicht reduzierbaren Transzendenz der ethisch-geschichtlichen Option für die Armen, die auf die Infragestellung durch die Armen antwortet; zweitens auf die kritische Rezeption einiger Elemente des Marxismus und deren innere Umgestaltung und drittens schließlich auf die Aufwertung der vernunftgemäßen Bedeutung der Volksweisheit für die Wissenschaft, nicht zuletzt für die Philosophie und die Theologie der Befreiung. Ich behaupte nicht, daß es sich dabei ausschließlich um Beiträge der Philosophie der Befreiung handelt, aber

5 Vgl. *A. Methol-Ferré*, Política y teología de la liberación, in: Liberación: Diálogos en el Celam, Bogotá 1974, 135-192, hier 145-147 und 192; R. Buttiglione, L'uomo e il lavoro, Bologna 1982, 30.

6 Ich beziehe mich hier auf ein persönliches Gespräch mit J. Alfaro in Rom (1977) anläßlich des Dokumentes der Päpstlichen Internationalen Theologenkommission über die Theologie der Befreiung.

diese hat m.E. erheblich dazu beigetragen, daß die drei oben erwähnten Aspekte innerhalb der Befreiungstheologie mehr und mehr und wohl auch angemessener berücksichtigt wurden.

Der erste Beitrag ist von Anfang an, wenn auch mit verschiedenen Nuancierungen, ein gemeinsamer Beitrag mehrerer Befreiungsphilosophen. Der zweite Beitrag geht teilweise auf die sogenannte "marxistisch orientierte" Strömung der Befreiungsphilosophie und teilweise auf die sogenannte "ethisch-kulturelle" Strömung zurück. Um den dritten Beitrag hat sich dann hauptsächlich die zuletzt genannte Richtung verdient gemacht. Als einen Vertreter der ersten Position nennt R. Fornet-Betancourt in seinem Bericht über die Philosophie der Befreiung E.Dussel. Als Vertreter der zweiten Linie nennt er R.Kusch, C.Cullen und mich.[7]

5.2.1 Die ethische Andersheit des Armen

Es gibt mindestens zwei Hauptquellen für jene Kategorien, mit deren Hilfe die Philosophie der Befreiung die weiter oben erwähnte Grunderfahrung des "Einbruchs der Armen" in die Geschichte Lateinamerikas und die ihr entsprechende Option für die Armen philosophisch auslegt. Und in beiden Fällen trug die Befreiungsphilosophie dazu bei, daß die ethische Transzendenz einer solchen Erfahrung und Praxis im Zuge ihrer begrifflichen Reflexion trotz ihrer Geschichtlichkeit reflektiert wurde. Die beiden soeben erwähnten Quellen sind: (1) die phänomenologische Ethik des in Frankreich lebenden, litauisch-jüdischen Philosophen Emmanuel Lévinas[8] und (2) die sozialwissenschaftlichen Dependenztheorien, die die Unterentwicklung Lateinamerikas nicht als einen Rückstand in der kapitalistischen Entwicklung, sondern als ein dialektisches Ergebnis dieser Entwicklung in den hochentwickelten Ländern und somit

---

7 *R.Fornet-Betancourt* spricht von der "marxistisch orientierten" und der "kulturethischen" Grundtendenz der Befreiungstheologie. Vgl. *ders.*, a.a.O. (s. Anm. 1), 72-83.

8 Unter den Werken von *E.Lévinas* sind besonders zu erwähnen: Totalité et Infini. Essai su l'exteriorité, La Haye 1961; Humanisme de l'autre homme, Montpellier 1972; Autrement qu'être ou au-delà de l'essence, La Haye 1974; De Dieu qui vient à l'idée, Paris 1982. Das erste Werk war ausschlaggebend für die Anfänge der Befreiungstheologie in Argentinien.

als eine Dependenz Lateinamerikas innerhalb des kapitalistischen Weltsystems deuteten.[9]

Im ersten Fall wurde die von der Bibel inspirierte Begrifflichkeit Lévinas' aus der lateinamerikanischen geschichtlichen Situation heraus radikal neu gedacht. Lévinas selbst lehnt diese Auslegung seines Denkens allerdings ab.[10] Im zweiten Fall geschah eine Übertragung der Begriffspaare "Dependenz / Selbständigkeit" und "Unterdrückung/Befreiung" von der sozialwissenschaftlichen auf die philosophische Ebene. Da die Philosophie von Hause aus immer schon auf das Ganze des Seins hin ausgerichtet ist, war es ihr möglich - wie denn auch L. Boff anerkennt[11] - dazu beizutragen, daß ein eventueller Anspruch einer sozialwissenschaftlichen Theorie oder Methode auf Verabsolutierung oder Ausschließlichkeit radikal kritisiert werden konnte.

(1) Das philosophische Denken E. Lévinas', auf das schon Gutiérrez in seinem Hauptwerk "Theologie der Befreiung" verwiesen hatte[12], übte einen entscheidenen Einfluß auf christlich-orientierte Befreiungsphilosophen wie E. Dussel, C. Cullen, J.C. Scannone, N. Zevallos aus Peru, O. Pegoraro aus Brasilien und G. Marquínez aus Kolumbien aus, doch zeigten sich hiervon, insbesondere durch den Einfluß Dussels, auch nicht-christliche Denker wie A. Roig aus Argentinien beeinflußt. Ein philosophisches Denken, das sich, wie im vorliegenden Fall, von der Bibel inspiriert zeigt, konnte ohne größere Schwierigkeiten von der Theologie übernommen werden. Lévinas, ein Schüler E. Husserls, versucht die biblische Erfahrung des anderen Menschen, insbesondere des Armen, des Fremden, des Waisen, der Witwe, phänomenologisch auszulegen. Auf diese Weise wird der transzendentalphilosophische Ansatz der Phänomenologie überwunden. Lévinas hat die ethische, das Ich in Frage stellende Begegnung mit dem Anderen als solchem, besonders mit dem Armen vor Augen. Diese Begegnung bezeichnet er mit dem

9 Vgl. das erste Kapitel des vorliegenden Werkes.

10 Genauer gesagt lehnt Lévinas die Verwendung seiner Begrifflichkeit dort ab, wo es darum geht, ein ethisch-geschichtliches "Wir" zu denken. Vgl. die Protokolle der Diskussion mit ihm, in: J.C. Scannone (Hg.), Sabiduría popular, símbolo y filosofía. Diálogo internacional en torno de una propuesta latinoamericana, Buenos Aires 1984.

11 Vgl. *L.Boff*, A libertacâo en Puebla, in: Puebla 3 (1979), 180.

12 Vgl. *Gutiérrez*, TdB, 131-286.

Begriff "von Antlitz zu Antlitz". "Von Antlitz zu Antlitz" ist eine ethische Relation, die nicht auf die Subjekt-Objekt-Beziehung reduzierbar ist, sondern diese transzendiert. Der andere Mensch läßt sich als der Andere weder auf ein Objekt noch auf ein bloß anderes Ich, wie ich selbst es bin, beschränken. Denn im Antlitz des Anderen, insbesondere des Armen, geht die absolute ethische Transzendenz Gottes auf. Für Lévinas ist der gerade Weg zur absoluten Transzendenz Gottes darum auch die ethische zwischenmenschliche Begegnung mit dem Anderen in Gerechtigkeit und Verantwortlichkeit für den Anderen. Die Gedanken von Lévinas übten in Lateinamerika innerhalb der befreiungsphilosophischen und befreiungstheologischen Kreise einen starken Einfluß aus, da sie sowohl die neutestamentliche, ethische und geschichtliche Erfahrung des Anderen widerspiegeln als auch biblisch beeinflußt sind und aus diesem Grunde auch und gerade jenen zugänglich sind, die in einer christlich geprägten Kultur leben und vor dem Hintergrund einer solchen Kultur denken. Dennoch erfuhren diese Denkansätze Lévinas' in Lateinamerika eine tiefe Umwandlung. Denn "der Arme" wird nicht nur individuell im Schoß eines bloß privat-ethischen Ich-Du-Verhältnisses, sondern auf eine gemeinschaftliche und soziale Weise erfahren und gedacht. Es geht um die unterdrückten Völker, Klassen, Kulturen und Rassen. Darüber hinaus werden die Armen nicht nur gemeinschaftlich, sondern auch dialektisch und strukturell erfahren und verstanden. Sie sind die durch unterdrückende Strukturen zu Unrecht Verarmten. Denn ihre zum Himmel schreiende Armut ist das Produkt ungerechter sozialer, wirtschaftlicher, politischer und kultureller Strukturen. Aus diesem Grunde bezeichnete ich weiter oben die Erfahrung, die der Philosophie der Befreiung zugrunde liegt, nicht nur als eine ethische, sondern auch als eine ethisch-geschichtliche. Doch ist sie umgekehrt nicht nur eine sozialgeschichtliche Erfahrung, sondern auch eine ethische Erfahrung der Begegnung mit einem ethischen "Ihr", nämlich den Armen[13], mit denen wir zu einer gemeinsamen ethisch-geschichtlichen "Wir"-Gemeinschaft kommen sollen.

(2) Mit diesen Bemerkungen habe ich nun bereits die zweite Quelle der Hauptkategorien der Philosophie der Befreiung an-

13 Es gibt eine innere Analogie zwischen dem ethischen Ich-Du- und dem ethischen Ihr-Wir-Verhältnis.

gesprochen, nämlich die sozialwissenschaftlichen Dependenztheorien, von deren zentralen Begriffen weiter oben schon die Rede war. Diese sozialwissenschaftlichen Begriffe (wie z.B. die Binome "Dependenz / Selbständigkeit" und "Unterdrückung / Befreiung") werden m.E. semantisch umgewandelt, insofern sie vom philosophischen Denken verwendet werden. Sie werden im Blick auf das Ganze des Menschen sowie des Seins kritisiert und neu verstanden. Im Rahmen einer philosophischen Kritik sind diese Begriffe somit einer möglichen ideologischen Verabsolutierung von vornherein entzogen. Darüber hinaus durchlaufen diese Begriffe einen Prozeß der Umwandlung bzw. Analogisierung, insofern sie auf das Ganze der menschlichen Wirklichkeit, d.h. auf eine den ganzen Menschen umfassende philosophische Anthropologie hin ausgerichtet werden. Dadurch werden diese Begriffe dann für die Theologie der Befreiung verwendbar, da nun die Gefahr eines soziologischen Reduktionismus nicht mehr besteht. Zwei Beispiele sollen das soeben Gesagte veranschaulichen helfen.

Erstes Beispiel: Das Begriffspaar "Unterdrückung/Befreiung" wird nicht auf eine reine wirtschaftliche oder politische Ebene beschränkt, sondern darüber hinaus als etwas betrachtet, das den ganzen Menschen in seiner unantastbaren menschlichen und ethischen Würde betrifft. So läßt sich dann auch von einer den ganzen Menschen und alle Menschen umfassenden Befreiung sprechen. Diese wird jedoch nicht abstrakt, spiritualistisch oder individualistisch ausgelegt, sondern konkret, geschichtlich und gesellschaftsbezogen, was dadurch geschieht, daß die philosophische Anthropologie, die Ethik, die Sozialphilosophie usw. den Beitrag der Geschichts- und Sozialwissenschaften in sich aufnehmen. Es dürfte einleuchten, daß eine derartige philosophische Verarbeitung dieser Begriffe sich für eine Verwendung durch die Befreiungstheologie als ausgesprochen hilfreich erweist.[14]

Zweites Beispiel: Dieses steht mit dem ersten in enger Verbindung. Wenn die Philosophie das Binom "Unterdrückung / Befreiung" im Licht des Ganzen menschlicher Wirklichkeit, d.h. in bezug auf den ganzen Menschen und das Gute im Menschen denkt, befreit sie es von einem nur dialektischen respektive

14 Zu diesem Sachverhalt siehe das zweite Kapitel meines Buches: Teología de la liberación y praxis popular, Salamanca 1976, 29-51,

bipolaren Verständnis. Denn die anderen Menschen als solche transzendieren jedes bloß bipolare Subjekt-Objekt-Verhältnis, da sie innerhalb einer als ethisch ausgewiesenen Beziehungsstruktur von "Antlitz zu Antlitz" erfahren und verstanden werden. Demzufolge transzendieren sie ein bloß dialektisches Verhältnis zwischen Ich und Nicht-Ich bzw. zwischen Sein und Nicht. Aus diesem Grunde ist das ethisch-geschichtliche und zwischenmenschliche Miteinander nicht auf die bloße Bipolarität einer Konfliktdialektik, wie z.B. auf die Dialektik des Klassenkampfes, zurückführbar, obwohl es sich, eben weil menschliches Miteinander nicht nur ethisch, sondern auch geschichtlich ist, oft genug konfliktreich gestaltet. So schließt dieses ethisch-geschichtliche Miteinander nicht selten eine Dialektik der Negation und des Kampfes ein; denken wir nur an den Fall der Unterdrückung der Armen in Lateinamerika. Trotzdem läßt sich dieser Kampf um Gerechtigkeit nicht auf eine bloße Negation der Negation, d.h. auf die bloße Negation der Unterdrückung reduzieren. Denn dieser schließt eine derartige Negation zwar ein, überwindet diese jedoch insofern, als unter ethischen Gesichtspunkten der andere Mensch auch im Kampf voll und ganz respektiert werden muß. Aus diesem Grunde sprechen Dussel und ich, wenngleich mit unterschiedlichen Nuancierungen, nicht von Dialektik, sondern von Analektik.[15] Diese Redeweise bleibt offen für die ethische Transzendenz der anderen Mitmenschen, insbesondere für die der Armen; sie bleibt ferner offen für das unvorhersehbare Neue der Geschichte wie auch für die göttliche Transzendenz, und zwar deshalb, weil sie sich nicht auf eine Subjekt-Objekt-Beziehung reduzieren läßt. Wir sprechen von "Analektik", weil die Analogie die Art und Weise ist, die Transzendenz durch die Negation hindurch und über sie hinaus zu denken.[16] Vor diesem Hintergrund sind die Armen dann eben

---

15 Dieser Begriff ist dem Werk *B. Lakebrinks*: Hegels dialektische Ontologie und die thomistische Analektik, Ratingen 1968, entnommen. Seit 1971 verwende ich ihn jedoch in einer von mir gefaßten Bedeutung. Vgl. meinen Aufsatz: Die Dialektik von Herr und Knecht. Ontologische Reflexionen zur Praxis der Befreiung, in: P. Hünermann (Hg.), Gott im Aufbruch, Freiburg 1974, 119-167.

16 Zum spekulativen Verständnis der Analogie siehe *E. Przywara*, Analogia entis, Einsiedeln 1962; *L.B. Puntel*, Analogie und Geschichtlichkeit, Freiburg 1969; *E. Brito*, Nommer Dieu. Thomas d'Aquin et Hegel, in: Revue Théologique de Louvain 19 (1988), 160-190.

nicht mehr nur als die Unterdrückten, d.h. nicht mehr nur negativ und dialektisch zu verstehen. Denn auf Unterdrückung und Entfremdung läßt sich weder ihre menschliche und ethische Würde, noch lassen sich Kultur und Weisheit der Armen darauf zurückführen.

Aus dem Gesagten geht hervor, daß es sich hier keineswegs um eine (dialektische) Logik der Notwendigkeit - wie bei Hegel oder Marx - handelt, sondern um eine Dramatik der ethisch herausgeforderten geschichtlichen Freiheit. Eine solche Dramatik hat darum auch ihren eigenen Sinn und ihre eigene Logik. Es ist dies eine Logik der Gratuität, die aber dennoch geschichtlich wirksam sein kann und dies auch sein muß. Der Sinn für Gratuität, Solidarität und Reziprozität ist in der lateinamerikanischen Volkskultur tief verankert. Unter Berücksichtigung und auf der Basis dieses Sinnes geht es darum, "Strategien der Humanität"[17], d.h. ethisch-geschichtliche Befreiungsstrategien zu entwickeln, die gleichfalls ethisch verantwortbar und geschichtlich wirksam sein müssen. Hier ist z.B. auf die Strategie der aktiven Gewaltlosigkeit hinzuweisen, die sich an vielen Beispielen aufzeigen läßt.

Ich möchte hier kurz die Bedeutung des Dienstes hervorheben, den die Philosophie der Befreiung der Befreiungstheologie geleistet hat. Denn die in der Theologie der Befreiung bereits enthaltene Kritik jeglichen Reduktionismus wurde auf diese Weise philosophisch bekräftigt und noch ausdrücklicher reflektiert als ehedem. Und im Fall eines reduktionistischen Trends bei einigen radikaleren Befreiungstheologen, wie Hugo Assmann, wurden die Grundlagen dieses Trends philosophisch thematisiert und kritisiert und von den eigentlichen Grundlagen der befreiungstheologischen Methode epistemologisch und anthropologisch unterschieden.

5.2.2 Beiträge zur kritischen und umgestaltenden Rezeption marxistischer Elemente

Im zweiten Kapitel habe ich die Frage nach der Verwendung der marxistischen Gesellschaftsanalyse bzw. einiger ihrer Elemente

---

17 Vgl. *O. Höffe*, Strategien der Humanität. Zur Ethik öffentlicher Entscheidungsprozesse, Frankfurt am Main 1985.

und Gesichtspunkte durch wichtige Strömungen der Befreiungstheologie behandelt. Ich möchte nun nicht die allgemeine Problematik erörtern, die sich durch die Verwendung von Elementen oder Gesichtspunkten der marxistischen Gesellschaftsanalyse in einigen wichtigen Strömungen der Befreiungstheologie ergab. Es geht mir hier lediglich darum, einige Beiträge der Philosophie der Befreiung zur befreiungstheologischen Auseinandersetzung mit dem Marxismus darzustellen. Meine besondere Aufmerksamkeit gilt dabei vor allem jenem Beitrag, der folgende vier Grundfragen behandelt:

(1) Inwieweit können einige Kategorien und Gesichtspunkte der marxistischen Gesellschaftsanalyse von der marxistischen Grundauffassung des Menschen, der Gesellschaft und der Geschichte getrennt und in einen anderen - christlich geprägten - Verständnishorizont hineingenommen werden? (2) Wie ist das dialektische Verhältnis zu verstehen, das zwischen der ökonomischen Infrastruktur und den suprastrukturellen Dimensionen des Staates, der Kultur und der Religion besteht? (3) Muß die geschichtliche Dialektik der Befreiung lediglich als Negation der Negation durch den Klassenkampf verstanden werden? (4) Ist das "Volk" angemessen als "unterdrückte Klasse" begriffen?

(1) Zur ersten Frage: Auf die erste, allgemeinere und grundlegende Frage muß man mit I. Ellacuría antworten[18], daß die Übertragung einiger Elemente und Gesichtspunkte des Marxismus möglich ist, wenn diese Elemente dabei gleichzeitig einer tiefergehenden Kritik unterzogen werden, die ihnen ihren ideologischen Ausschließlichkeitscharakter und ihre innere Logik nimmt. Das geschieht, wenn sie von einer anderen Gesamtperspektive, nämlich einer christlichen Sicht von Gesellschaft und Politik, übernommen werden. Dann nämlich sind diese Elemente nicht mehr als "marxistisch" zu verstehen und zu bezeichnen, obwohl sie ihrer Herkunft nach der marxistischen Tradition zuzurechnen sind. Zwei Beispiele einer solchen kritischen Übertragung und semantischen Umwandlung von marxistischen Kategorien sollen dies veranschaulichen: So betont z.B. Ellacuría, daß die ganze innerweltliche Realität eine geschichtliche, strukturelle und dialektische Ganzheit bildet. Der Ausgangspunkt der Analyse dieser strukturellen Ganzheit dürfte

18 Vgl. *I. Ellacuría*, Theologie der Befreiung und Marxismus, in: Orientierung 50 (1966), 127-131.

hier wohl die materielle geschichtliche Realität sein, d.h. die sozial verstandene Materie, genauer gesagt die Produktionsverhältnisse. Diese werden hier aber gerade nicht als ein das Ganze letztlich bestimmender Faktor betrachtet. Mit Hilfe des Rahner'schen Begriffs des Realsymbols versteht Ellacuría die sozioökonomische Ebene als das Realsymbol oder die Verkörperung der geistigen Ebene, deren Transzendenz und Selbständigkeit jedoch gewahrt bleibt. Diese wird ihrerseits nun aber nicht idealistisch oder platonisch aufgefaßt, sondern eher dialektisch, d.h. als eine geistige Transzendenz, die durch die soziogeschichtliche Realität der materiellen Strukturen vermittelt wird und sich in ihnen "inkarniert." Dieser Begriff der innerweltlichen Realität ist bei Ellacuría nicht nur durch Marx und Rahner, sondern vor allem durch den spanischen Philosophen X.Zubiri beeinflußt, dessen Schüler Ellacuría war.[19]

In einem ähnlichen Sinn spricht Dussel von einem "christlich verträglichen Materialismus", wenn er über die Interaktion der geistigen und der sozioökonomischen Dimension des Menschen, der Gesellschaft und der Kultur nachdenkt und dabei die Menschwerdung Gottes und das Sakrament als Vorbild vor Augen hat.[20]

(2) Zur Frage nach der Beziehung zwischen den ökonomischen Faktoren und den geistigen und kulturellen Dimensionen: Die Philosophie der Befreiung will die sozioökonomischen und infrastrukturellen Bedingungen des gesellschaftlichen, geistigen und kulturellen Lebens ernst nehmen und auf dieser Grundlage die Erkenntnis soziologischer Ideologiekritik aufbauen. Sie unterscheidet sich aber von einem orthodoxen Marxismus und oft vom Marxismus überhaupt wesentlich dadurch, daß sie diese ökonomischen Faktoren zwar als bedingende, jedoch nicht als die in allerletzter Instanz und letztlich alles bestimmenden Faktoren versteht. Vielmehr geht sie im Gegenteil von einer reziproken dialektischen Interaktion aller

19 Vgl. *I. Ellacuría*, El objeto de la filosofía, in: J.C. Scannone, I. Ellacuría (Hg.), Materiales para una filosofía desde América Latina, Bogotá (im Erscheinen begriffen).

20 In seinem Artikel: Beziehungen zwischen christlicher Ethik und Wirtschaft, in: Concilium 16 (1980), 106-113, spricht E. Dussel von einem "cristianamente compatible materialismo productivo" (zu deutsch: christlich verträglicher Produktionsmaterialismus).

strukturellen Dimensionen und Faktoren aus. Dies ist die Auffassung von Ellacuría.

Mehrere Vertreter der Philosophie der Befreiung ziehen jedoch eine etwas andere Interpretation der oben erwähnten Interaktion vor und zeigen sich darin von Lévinas beeinflußt. Und zwar betrachten sie Geschichte und Gesellschaft nicht primär als eine dialektisch strukturierte und dynamische Ganzheit, wie Ellacuría dies tut, vielmehr gilt ihre Aufmerksamkeit der auf eine Totalitätsdialektik letztlich nicht mehr zurückführbaren ethisch-geschichtlichen Transzendenz der Würde und Freiheit der Personen und der Gemeinschaften, und zwar über deren infrastrukturelle (v.a. ökonomische) Bedingungen hinaus. Aus diesem Grunde ziehen Dussel und ich es vor, von Analektik statt von Dialektik zu sprechen. Mit der Vorsilbe "aná" wollen wir auf die "eminentia" oder ethische Transzendenz hinweisen, ohne jedoch die gegenseitige Interaktion und die Konditionierung der geistigen, ethischen und kulturellen Dimension der Existenz und der Gesellschaft zu leugnen. Zwar wird eine solche Transzendenz selbstverständlich auch von Ellacuría nicht bestritten, doch zieht er diese m.E. nicht genügend in Betracht, wenn er die innere Logik von Gesellschaft und Geschichte gemäß einer durch Hegel und Marx inspirierten Auffassung der Dialektik versteht.

(3) Weiter oben sprach ich über die gegenseitige Interaktion zwischen den Dimensionen der Gesellschaft und kritisierte unter besonderer Berücksichtigung der ethischen Transzendenz eines jeden Menschen jede bloße Totalitätsdialektik. Damit komme ich nun zur dritten Frage: Kann die Dialektik der Befreiung auf den dialektisch verstandenen Klassenkampf reduziert werden? Ebenfalls Anlaß zur Kritik gibt sowohl die bloß dialektische Auffassung von Marx über den diachronen Prozeß der Geschichte als auch seine Auffassung der Gesellschaft und ihrer synchronischen Struktur. In beiden Fällen kann sich aber auch eine kritische und umgestaltende Rezeption marxistischer Elemente ergeben. Denn ohne den Konflikt zu unterschätzen oder die Tatsache des Klassenkampfes zu verdecken, wollen einige Befreiungsphilosophen, wie weiter oben bereits erwähnt wurde, das Verständnis der Befreiung nicht auf ein bloß dialektisch-bipolares Verhältnis der Negation der Unterdrückung, d.h. auf einen Kampf gegen diese beschränken; und zwar aus zwei

Gründen nicht: Auf der einen Seite bedeutet Befreiung nicht nur das Erlangen einer nur durch die Aufhebung der Unterdrückung bestimmten Freiheit. Vielmehr bedeutet Befreiung darüber hinaus auch die Möglichkeit zu etwas unableitbar geschichtlich Neuem, an dem sich die freie und schöpferische Einbildungskraft betätigen kann und muß. Denn das Einbildungsvermögen des Volkes muß sich nicht nur in der Volksdichtung oder im Schaffen von religiösen und politischen Symbolen betätigen, sondern auch im Schaffen von neuen, menschlicheren und gerechteren politischen und wirtschaftlichen Institutionen. Die Möglichkeit zu etwas wirklich geschichtlich Neuem wird durch die auf eine Notwendigkeitsdialektik nicht zurückführbare ethisch-geschichtliche Transzendenz der Freiheit eröffnet. Mit anderen Worten: Sie wird durch das eröffnet, was am Unterdrückten nicht auf Unterdrückung (d.h. auf bloße Negation) zurückführbar ist. Auf diesem ersten Grund erweist sich die Dialektik der Negation der Negation bzw. des bloßen Kampfes als unzureichend, wenn es gilt, über den geschichtlichen Prozeß der Befreiung philosophisch nachzudenken. Und doch ist ohne eine Negation der Negation, d.h. ohne den Kampf für die Gerechtigkeit eine reale und geschichtliche Befreiung der Unterdrückung nicht möglich. Auch hier könnte man von einer ethisch-geschichtlichen und inkarnierten Analektik sprechen.

Andererseits bedeutet Unterdrückung nicht nur Entfremdung. Der orthodoxe Marxismus neigt dazu, die Kultur und die Praxis der Unterdrückten ausschließlich unter dem Aspekt der Entfremdung zu betrachten, soweit diese vom kritischen Bewußtsein der aufgeklärten Parteieliten noch nicht kritisiert und analysiert worden sind. Eine authentische Befreiungspraxis jedoch muß um die geschichtlichen und kulturellen Wurzeln des sich befreienden Volkes wissen und sich diese immer wieder vergegenwärtigen; bezieht das Volk doch gerade von dort her seine Kraft zum Widerstand und zur Verteidigung seiner eigenen kulturellen Identität. In Lateinamerika hat das Volk trotz kultureller, sozialer, politischer und ökonomischer Unterdrückung erfolgreich kulturellen Widerstand geleistet. Dieser Widerstand ist auf Entfremdung nicht reduzierbar; gerade darum kann er zum Ausgangspunkt für eine Befreiungsstrategie werden, die jede bloße Negation überwindet, wenngleich sie diese einschließt. Der Prozeß der authentischen Befreiung müßte demnach sowohl das

Moment des geschichtlich-kulturellen Widerstandes als auch das über eine bloße Negation hinausgehende ethisch-geschichtliche Moment einschließen, um auf der Grundlage dieser beiden Momente dann das Moment der Negation der Unterdrückung, d.h. das Moment des Kampfes ethisch durchdringen und umgestalten zu können.[21]

(4) Mit dieser letzten Bemerkung ist der Ausgangspunkt zur Beantwortung der vierten Frage genannt. Wenn der die menschliche Wirklichkeit letzthin bestimmende Faktor nicht der sozioökonomische ist und Gesellschaft und Geschichte nicht bloß im Sinne einer Totalitätsdialektik zu verstehen und umzugestalten sind, dann folgt daraus, daß das lateinamerikanische Volk trotz kritischer Rezeption der Beiträge des Marxismus mit dem marxistischen Klassenkampf allein nicht angemessen erfaßt werden kann. Von daher sprechen die meisten Vertreter der Philosophie und der Theologie der Befreiung dann auch lieber von "Volk" statt von "Klasse", wenn auch mit erheblichen Unterschieden und unterschiedlichen Nuancierungen.

Meiner Meinung nach ist der Begriff "Volk" nicht nur eine sozioökonomische, sondern auch und vor allem eine politisch-kulturelle Kategorie, und zwar insofern, als mit diesem Begriff immer auch und zunächst einmal das kollektive Subjekt einer gemeinsamen Geschichte und einer bestimmten Kultur oder eines gemeinsamen Lebensstils bezeichnet wird. In Lateinamerika sind es die Armen, genauer gesagt die Nicht-Privilegierten und Unterdrückten, welche den Kern des geschichtlich-kulturell verstandenen Volkes bilden. Von daher hat der Begriff "unterdrückte Klassen" hier durchaus seine Berechtigung; dennoch dürfen zwei wichtige Aspekte nicht übersehen werden, und zwar erstens, daß der Begriff "Volk" in Lateinamerika neben den unterdrückten Klassen auch die unterdrückten Kulturen und Rassen einschließen muß; und zweitens, daß zum Volk nicht nur die strukturell Unterdrückten gehören, sondern auch die, die sich mit ihnen für die Gerechtigkeit einsetzen und an ihrer Geschichte, ihrer Kultur und ihrem geschichtlichen Projekt teilnehmen. Aus diesem Grunde muß die Zugehörigkeit zum

21 Zu dem im Text behandelten Sachverhalt siehe meinen Aufsatz: La mediación histórica de los valores, in: Stromata 39 (1983), 117-139. Vgl. auch die französische Übersetzung in: Concordia. Internationale Zeitschrift für Philosophie 6 (1984), 58-77.

Volk nicht nur gesellschaftsanalytisch und soziostrukturell, sondern auch geschichtlich-kulturell und ethisch-politisch beurteilt und bedacht werden. Für ein philosophisches Verständnis des Begriffs "Volk" ist dann der ethische Maßstab ausschlaggebend, insofern er geschichtlich, d.h. geschichtlich-kulturell und sozio-politisch vermittelt wird.[22] Dieser Volksbegriff kann der Theologie der Befreiung dann auch tatsächlich von Nutzen sein, und zwar sowohl, was die Reflexion über das lateinamerikanische Volk und seine Kultur und Religion im Licht des Glaubens betrifft, als auch im Hinblick auf ein analogisches Verständnis von Kirche als Volk Gottes. Ich werde hierauf noch zurückkommen.

Darüber hinaus betonen einige Befreiungsphilosophen, wie z.B. Dussel, die ethische Andersheit und Exteriorität des Volkes in bezug auf das unterdrückende System.[23] Obwohl es als ein unterdrücktes Volk ein dialektischer Bestandteil des sozialen, politischen und ökonomischen Systems bleibt, gilt doch auch, daß es dieses System aufgrund seiner ethischen Würde und seines ethisch-kulturellen Widerstandes immer schon transzendiert. Auf diese Weise bleibt die Bewegung der Geschichte nach vorn hin stets offen. Diese philosophische Auseinandersetzung mit dem Marxismus war dann auch für die Theologie der Befreiung sehr hilfreich.

5.2.3 Die philosophische Aufwertung der Volksweisheit

Noch bevor 1971 die Bezeichnung "Philosophie der Befreiung" wie auch deren eigene Fragestellung entwickelt wurden, hatte der argentinische Philosoph und Kulturanthropologe Rudolfo Kusch bereits begonnen, die Logik des indoamerikanischen und des lateinamerikanischen Volksdenkens überhaupt zu untersuchen. Er wollte aus diesem symbolischen und weisheitlichen Denken heraus eine neue lateinamerikanische Anthropologie wie auch eine erste Philosophie entwickeln.[24]

---

22 Vgl. meine Arbeit: Volksreligiosität, Volksweisheit und Philosophie in Lateinamerika, in: Theologische Quartalschrift 164 (1984), 203-214, insbes. 204-206.

23 Vgl. u.a. *E.Dussel*, Ethik der Gemeinschaft, Düsseldorf 1987, 87-96.

24 Unter den zahlreichen Werken von *Kusch* verdienen die folgenden eine besondere Erwähnung: América Profunda, Buenos Aires 1962; El pensamiento indígena americano, Puebla 1970; La negación en el pensamiento

Aus Anlaß des zweiten argentinischen Nationalkongresses für Philosophie im Juni 1971 und anläßlich der akademischen Woche der philosophischen und der theologischen Fakultäten der Jesuiten in San Miguel (Argentinien) im August desselben Jahres kam es zu einer ersten Begegnung zwischen der zur damaligen Zeit gerade im Entstehen begriffenen Befreiungsphilosophie und dem Denken von R. Kusch. Als das erste gemeinsame Werk der Vertreter der Befreiungsphilosophie und deren Manifest im Jahre 1973 erschien, schrieb Kusch neben Dussel, Roig, Ardiles, de la Riega, Casalla, Fornari sowie mir und einigen anderen darin einen eigenen Beitrag.[25] Seit dem ist die philosophische Freundschaft mit Kusch für mehrere Befreiungsphilosophen in Argentinien sehr fruchtbar gewesen. Leider starb Kusch im Jahre 1979. Auf diesem eher indirekten Weg also trat die Philosophie Kusch's dann auch mit der argentinischen Linie der Befreiungstheologie in Kontakt, die nach Medellin die Volksfrömmigkeit, die Volkskultur und die Volkspastoral neu aufgewertet und die Rezeption des Konzils, Medellins und die dort entwickelten Befreiungsgedanken maßgeblich beeinflußt hatte.

In diesem Zusammenhang wurde die Weisheit des Volkes zu einem Schlüsselbegriff sowohl für die Philosophie der Befreiung als auch für die Befreiungstheologie. Dabei wurde das Volk nicht nur als Subjekt seiner eigenen Kultur, seiner eigenen Geschichte und seiner eigenen Befreiungspraxis betrachtet, sondern auch als Subjekt eines ihm eigenen Denkens und einer inkulturierten Weisheit, die der Philosophie (wie auch der Theologie) der Befreiung zu denken gibt. Die an den argentinischen Universitäten gelehrte Philosophie war damit in Frage gestellt. Darüber hinaus trug diese neue Perspektive dazu bei, daß die Philosophie der Befreiung eine gewisse Abstraktheit der von Lévinas verwendeten Begrifflichkeit überwinden konnte, ohne diese Begrifflichkeit gänzlich aufgeben zu müssen. Denn sowohl die Dialektik (bzw. Analektik) der Befreiung als auch die ethisch-geschichtliche Andersheit des armen Volkes wurden mit Hilfe einer Hermeneutik der Geschichte, der Kultur und der

---

popular, Buenos Aires 1975; Geocultura del hombre americano, Buenos Aires 1976; Esbozo de una antropología filosófica americana, S. Antonio de Padua 1978.

25 Vgl. Hacia una filosofía de la liberación latinoamericana, a.a.O. (s. Anm. 2).

kulturellen Werke eben dieses Volkes positiver und konkreter aufgefaßt. So ist die sogenannte "ethisch-kulturelle" Strömung der Befreiungsphilosophie entstanden, zu der neben anderen Kusch selbst, C. Cullen und ich gerechnet werden. Für die Entstehung dieser "ethisch-kulturellen" Strömung waren die Gedanken Kusch's über die Geokultur und über das Volk als deren Subjekt und also als des Subjekts eines symbolischen und weisheitlichen Denkens ausschlaggebend. Dies blieb nicht ohne Wirkung auf die argentinische Linie des befreiungstheologischen Denkens und der Volkspastoral. Soweit ich sehe, führte diese Fragestellung zunächst bei den argentinischen Theologen zu einer tieferen Neubewertung der Weisheit des Volkes und der Volkskultur, bevor sie dann in ähnlicher Weise und vermittelt durch die argentinischen Theologen auch die meisten anderen Befreiungstheologen beeinflußte.

Die Hauptkategorien der ethisch-kulturellen Strömung der Befreiungsphilosophie hier nun eingehend zu erörtern, würde den Rahmen dieser Arbeit sprengen.[26] Ich möchte an dieser Stelle daher lediglich auf die Entgegensetzung dieser Hauptbegriffe in bezug auf die abendländische, insbesondere die abendländisch-neuzeitliche Philosophie hinweisen. Im einzelnen werden hier das "Wir" dem "Ich" des "Ich denke" bzw. des "Ich handle", die "Mutter-Erde" (Pacha Mama) dem aristotelischen und dem neuzeitlichen Begriff von "Natur", das Symbol dem Begriff und die Weisheit der Wissenschaft gegenübergestellt. In den iberoamerikanischen Sprachen gibt es zwei Möglichkeiten der Übersetzung des deutschen infiniten Verbs "sein", nämlich "ser" und "estar." Der Hauptakzent liegt hier jedoch auf "estar" (sich befinden), weil dieses Verb sowohl die Umstände, Ort und Zeit als auch die Faktizität besser zum Ausdruck bringt als das Wort "ser" (sein). Ich behaupte, daß diese Akzentsetzung der Eigenart der lateinamerikanischen Volkskultur eher entspricht. Das zweite Element der soeben genannten Entgegensetzungen wird nun allerdings nicht verworfen, sondern im Rahmen dieser Akzentsetzung neu aufgefaßt. Meiner Meinung nach hat die

---

26 Ich verweise hier auf meine in folgenden Zeitschriften erschienenen (bzw. noch erscheinenden) Artikel: (1) Philosophisches Jahrbuch 1982; (2) Theologische Quartalschrift 1984; (3) Theologie und Philosophie 1985 und (4) Theologie und Philosophie 1991 (s. Anm. 2 und 22). Siehe auch: *Fornet-Betancourt*, a.a.O. (s. Anm. 1).

Philosophie der Befreiung in ihren verschiedenen Gestalten bereits damit begonnen, eine in Lateinamerika inkulturierte Philosophie zu entwickeln. Bislang ist ihr Einfluß auf die Befreiungstheologie zwar in mehrfacher Hinsicht wichtig, aber eher indirekter Art gewesen. Nichtsdestoweniger gibt es viele wünschenswerte und mögliche Beiträge direkter Art, die sie der Theologie der Befreiung leisten kann, indem sie dieser eine inkulturierte philosophische Begrifflichkeit anbietet. Eine beiderseitige Wechselwirkung ist bereits im Gange, und es besteht die Hoffnung, daß dieser Prozeß für beide Seiten fruchtbringend sein wird. Auf einige dieser möglichen direkten Beiträge werde ich im achten Kapitel zu sprechen kommen. Es wird dort vor allem um den befreiungsphilosophischen Beitrag zur Moraltheologie gehen. Darüber hinaus jedoch warten die Hauptkategorien der ethisch-kulturellen Befreiungsphilosophie immer noch auf ihre theologische Verwendung sowohl in der theologischen Wissenschafts- und Methodenlehre als auch z.B. in der Gottes- bzw. Trinitätslehre, in der Kirchen- und Sakramentenlehre und in der theologischen Anthropologie. Die Theologie der Befreiung bleibt durch die Befreiungsphilosophie also auch in Zukunft herausgefordert.

6. Die befreiungstheologische Christologie und Gotteslehre

Im ersten Kapitel sprach ich von den zwei Phasen der Befreiungstheologie und deren hermeneutischem Zirkel. In der ersten Phase werden die geschichtliche Lage und Praxis im Licht des Glaubens kritisch gedeutet. In der zweiten Phase wird dann der Glaube aus der genannten Lage und Praxis heraus interpretiert. Dabei werden in einer Art fundamentaler Theologie zunächst die Grundkategorien in der Glaubensinterpretation expliziert, bevor dann in einem zweiten Schritt die wichtigsten Glaubensinhalte (Christus, Gott, Kirche, Gnade usw.) entfaltet werden. Diesen methodologischen Weg ist die Befreiungstheologie auch chronologisch gegangen. In seinem ersten befreiungstheologischen Werk befaßte sich Gutiérrez nicht nur mit der Situation der Armen in Lateinamerika und der auf diese Situation antwortenden Befreiungspraxis im Licht des Gotteswortes, vielmehr begann er sich gleichzeitig auch mit der Grundlagenreflexion zu beschäftigen. Es ging ihm dabei sowohl um die methodologische als auch um die inhaltliche Reflexion über die Grundkategorien der Glaubensinterpretation, und hierbei dann vor allem um die Binome Heil und Befreiung sowie Heilsgeschichte und geschichtliches Heil.[1] Diese und andere theologische Grundkategorien wurden aus jener Gesamtperspektive heraus neu verstanden, die durch die vorrangige Option für die Armen und die befreiungstheologische Methode eröffnet worden war. Nun erst war die Aufgabe gestellt, mit Hilfe dieser neuen Methode und im Licht der neu verstandenen Grundkategorien die wichtigsten inhaltlichen Glaubensaussagen über Christus, Gott, die Kirche, den Menschen usw. neu und kontextuell verstehen zu lernen und dabei gleichzeitig Schrift und Tradition

1 Vgl. *Gutiérrez*, TdB, insbes. 131-286. Die theologische Reflexion von Gutiérrez über die Grundkategorien der befreiungstheologischen Glaubensinterpretation entspricht m.E. den "foundations" im Sinne *B. Lonergans*. Vgl. *ders.*, Method in Theology, New York 1972, Kap. 11.

treu zu bleiben.[2] Dies war nun vor allem die Aufgabe einer zweiten Generation innerhalb der Befreiungstheologie, zu der neben anderen insbesondere L. Boff, J. Sobrino, R. Muñoz und P. Trigo zählen. Doch hatte sich dieser Aufgabe anfanghaft auch schon die erste Generation angenommen; ich denke hier vor allem an G. Gutiérrez, J.L. Segundo, J. Comblin und einige andere. Zur Zeit des genannten Übergangs im Jahre 1977 sprachen die Herausgeber der von Sobrino entwickelten, ersten befreiungstheologischen Christologie von "einem qualitativen Fortschritt" der Theologie der Befreiung: "Weiterentwicklung und qualitativer Fortschritt sind nötig. Dabei ist nicht mehr auf methodologischer Ebene zu arbeiten, sondern auf der Ebene der streng theologischen Inhalte, auf der Ebene der Schlüsselsätze des christlichen Glaubens."[3]

Meines Erachtens war es kein Zufall, daß diese Entwicklung bei der Christologie ihren Anfang nahm, um dann erst zur Ekklesiologie und zur Gotteslehre überzugehen. Denn die vorrangige Option für die Armen und die damit verbundene Praxis der Befreiung wurden von Anfang an im Licht der Nachfolge Jesu erfahren und begriffen. Im Vertrauen auf die Kraft des Heiligen Geistes wurde der geschichtlichen Praxis des historischen Jesus nachzufolgen versucht, um auf diese Weise und getreu der Botschaft Jesu, daß das Reich Gottes genaht sei, dieses Hier und Heute beginnen zu lassen.

6.1 Die befreiungstheologische Christologie

Leider reicht der hier zur Verfügung stehende Raum nicht zu einer eingehenderen Beschäftigung mit den Werken L. Boffs, J. Sobrinos und J.L. Segundos, die sich ausdrücklich mit Jesus dem Christus beschäftigen. Und noch weniger möglich ist es, die christologischen Gedanken anderer Befreiungstheologen zu untersuchen, die diese in anderen Zusammenhängen entwickelt haben. So muß es hier also bei einem bloßen Hinweis auf den Grundansatz der Befreiungschristologie bleiben. Er spiegelt die

---

2 Dieser neue Schritt entspricht der theologischen Lehre ("doctrines"), "functional speciality" nach Lonergan. Vgl. *ders.*, a.a.O. (s. Anm. 1), Kap. 12.

3 Vgl. den Prolog der Herausgeber des christologischen Werkes von *J. Sobrino*, Cristología desde América Latina (esbozo a partir del seguimiento des Jesús histórico), México 1976, VIII (im folgenden zitiert als: Cdal).

Entstehung der befreiungstheologischen Christologie wider. Diese nämlich ist durch die Begegnung und gegenseitige Befruchtung von Volksweisheit und Wissenschaft entstanden, die beide auf den historischen Jesus[4] und auf seine geschichtliche Bedeutung für uns heute in Lateinamerika hinweisen. Diese Christologie ist also einerseits im Rahmen einer christologischen Reflexion der kirchlichen Basisgemeinden entstanden,[5] andererseits gingen durch die Berufstheologen mehrere in Europa - nicht zuletzt in Deutschland - entwickelte exegetische und christologische Erkenntnisse in sie ein. In beiden Fällen wurde die Frage nach dem historischen Jesus und nach dem Sitz im Leben der heutigen Nachfolge Jesu gestellt. In Lateinamerika werden beide Fragen durch die Volkstheologie der Befreiung eng miteinander verbunden und zusammengedacht, da diese in beiden Fällen auf die Geschichte achtet, und zwar sowohl auf die Geschichte Jesu von Nazareth als auch auf die des armen glaubenden Volkes von Lateinamerika, das Jesus im Glauben als gegenwärtig erlebt und erkennt und ihm hier und heute nachfolgen will. Der Kurzschluß einer einfachen und fundamentalistischen Gleichsetzung zwischen der Situation und Praxis des historischen Jesus einerseits und der heutigen Situation der Unterdrückung in Lateinamerika und der entsprechenden Praxis der Befreiung andererseits konnte dabei jedoch in der Regel vermieden werden. Insofern hier nämlich wesentlich auch die Entsprechung der Verhältnisse zwischen beiden Situationen und Praktiken abgehoben wurde, war klar, daß nur eine durch den Geist getragene Nachfolge Jesu und keinesfalls eine buchstäbliche Nachahmung gemeint sein konnte. Diese Entsprechung der Verhältnisse wurde durch C. Boff expliziert.[6] Hier liegt der Schlüssel für das richtige Verständnis aller befreiungschristologischen Hauptwerke. Zunächst wurde Jesus Christus hauptsächlich als Befreier dargestellt, da man ihn aus einer Situation

---

4 So übersetze ich hier "Jesús histórico." Es geht hier nicht primär um den Jesus der historischen Wissenschaft, sondern um den irdischen, vorösterlichen, geschichtlichen Jesus. Ich bin mir bewußt, daß der Ausdruck "Jesús histórico" auf die Diskussion "Jesus der Geschichte - Christus des Glaubens" anspielt. Hier meint er vor allem den irdischen Jesus.

5 Vgl. *Sobrino*, Cdal, XV.

6 Vgl. *C.Boff*, Teología de lo político. Sus mediaciones, Salamanca 1980, 275-280.

der Gefangenschaft und Unterdrückung betrachtete (so L. Boff).[7] Im weiteren wurden dann (wiederum durch L. Boff und durch J. Sobrino) auch thematische Wege eingeschlagen sowie entsprechende Interpretationsrahmen entworfen, in der Absicht, die christologischen Themen aus lateinamerikanischer Sicht neu aufzuarbeiten.[8] In jüngerer Zeit nun wurden Versuche unternommen, sich ausführlicher und systematischer mit einigen der Hauptquellen der Christologie, wie zum Beispiel den Synoptikern, Paulus oder auch Chalkedon zu beschäftigen und diese aus der befreiungstheologischen Perspektive heraus auszulegen. In diesem Zusammenhang sind besonders die Werke von J.Sobrino und J.L.Segundo zu nennen.[9]

Allen befreiungschristologischen Werken gemeinsam ist die Betonung des historischen Jesus. Dieser, und nicht der Christus des Glaubens, ist der thematische Ausgangspunkt der in diesen Werken entwickelten Christologie. Auf diese Weise wird einer abstrakten, ahistorischen und nicht wirksamen christologischen Reflexion vorzubeugen versucht. Auch soll dadurch eine eventuelle ideologische Manipulation eines ahistorischen Christusbildes, wie sie in Lateinamerika leider nicht selten vorkommt, vermieden werden.[10]

Bei all dem wird die sogenannte "Christologie von oben her" nun aber keinesfalls außer acht gelassen.[11] Diese kann jedoch

---

7 Vgl. *L.Boff*, Jesus Cristo Libertador. Ensaio de Cristología Crítica para o nosso Tempo, Petrópolis 1972. Es ist interessant, festzustellen, daß fast zur gleichen Zeit in Deutschland das Werk von *H. Kessler*: Erlösung als Befreiung, Düsseldorf 1972, erschien.

8 Vgl. u.a.: *L.Boff*, Cristo Liberador. Una visión cristológica a partir de la periferia, in: Servir 75 (1978), 351-382; *ders.*, Jesucristo y la liberación del hombre, Madrid 1981. Vgl. auch die deutsche Übersetzung: Jesus Christus der Befreier, Freiburg-Basel-Wien 1986 (im folgenden zitiert als: JCdB). Dieses Werk ist eine Sammlung verschiedener christologischer Abhandlungen des Verfassers. Siehe im weiteren: *Sobrino*, Cdal; *ders.*, Jesús en América Latina. Su significado para la fe y la cristología, Santander 1982 (im folgenden zitiert als: JeAl).

9 Vgl. *J.L. Segundo*, El hombre de hoy ante Jesús de Nazareth, II/1: Historia y actualidad. Sinópticos y Pablo; II/2: Historia y actualidad. Las cristologías en la espiritualidad, Madrid 1982. Siehe insbes. II/1 und Kap. 1 des Bandes II/2:

10 Vgl. *Sobrino*, Cdal, XII ff und 1-12; L. Boff, JCdB, 5ff und 78.

11 In bezug auf Joh 1,14 behauptet Sobrino: "Dieser absteigende Aspekt der Christologie ist unverzichtbar." Vgl. JeAl, 72.

leicht mißverstanden werden, wenn der Sinn der christologischen Dogmen nicht entlang des Weges ihrer historischen Entstehung seit dem historischen Jesus zu erfassen versucht wird. Von daher ist die "Christologie von unten her" die notwendige Bedingung dafür, daß diejenige "von oben her" in rechter Weise zu begreifen vermocht wird. Darüber hinaus wird auf diese Weise nicht nur auf die Menschheit Jesu, sondern auch auf die Menschlichkeit Gottes (so L.Boff)[12] besonderer Nachdruck gelegt, was zur Folge hat, daß die Sünde nun auch als eine Verletzung des Menschseins begriffen wird. Und so wird hier dann auch, wie dies zum Beispiel J.L.Segundo tut, vor allem auf die menschliche und die die Menschheit anthropologisch befreiende Bedeutung Jesu für den heutigen Menschen und auch für den Nicht-Christen und den Atheisten abgehoben. Aus diesem Grunde untersucht Segundo auch den anthropologischen Glauben Jesu, d.h. die menschlichen und menschlich befreienden Werte, die seine Grundhaltung bestimmten.[13] Die Konsequenzen dieser hermeneutischen Entscheidung für den historischen Jesus als Ausgangspunkt der Christologie sind sowohl für die Inhalte als auch für die Logik der christologischen Reflexion von Bedeutung. Ich werde nun zunächst auf die Folgen für das Verständnis der christologischen Inhalte und in einem zweiten Schritt dann auf die Folgen für die logische Artikulation und Systematisierung dieser Inhalte zu sprechen kommen.

6.1.1 Die Inhalte

Die befreiungstheologische Christologie weist zunächst auf die konstitutive Bezogenheit Jesu auf den Vater und auf seinen Auftrag, auf den Gott, der die Liebe ist und dessen Reich zu verkünden er gekommen ist, wie auch auf dieses Reich selbst hin. Sie stellt fest, daß das Reich Gottes die absolute Befreiung von der Sünde und allen ihren Folgen sei. Darüber hinaus wird eindringlicher als auf Jesu Lehre auf dessen Praxis verwiesen, wobei der Nachfolge des historischen Jesus eine besondere Bedeutung beigemessen wird. Trotzdem wird seine Botschaft nicht vernachlässigt, sondern in ihrer Einheit mit der Praxis Jesu

---

12 Vgl. *L. Boff*, JCdB, 222.

13 Vgl. *J.L. Segundo*, a.a.O. (s. Anm. 9), II/1, Teil 1. Zum anthropologischen Glauben allgemein siehe ebd. I: Fe e ideología.

gedacht.[14] Nachfolge wird hier nicht nur als grundlegende moralische Haltung verstanden, sondern auch als erkenntnistheoretische Bedingung der Christologie wie auch der theologischen Gotteslehre. Denn die Orthopraxis der Nachfolge Jesu ist die Bedingung für ein richtiges theologisches Verständnis Christi und damit für ein rechtes Verständnis Gottes, da durch sie erst der Blick auf das Wesentliche gelenkt wird.

Darüber hinaus werden laut Sobrino "der Beispielhaftigkeit des Sohnes hinreichend konkrete und historische Inhalte" zuerkannt, so z.B. "die Verkündigung der Utopie, die Zurückweisung der Ungerechtigkeit als Sünde schlechthin, die Parteinahme für die Unterdrückten, die Aufdeckung entfremdender religiöser Mechanismen - damit sein Geist nicht irgendein Geist und der Gott, an den er sich wendet, nicht irgendeine manipulierbare Gottheit, sondern sein Vater sei."[15]

Ein wichtiger Inhalt ist hier ohne Frage Jesu Vorliebe für die Armen, die den Vorzug für Arme, Kranke und öffentliche Sünder, aber auch die prophetische Herausforderung zur Umkehr derjenigen, die die Armen unterdrücken, wie auch die Berufung der Jünger zur Nachfolge einschließen. Der Tod Jesu wird aus seinem Leben und aus seiner Sendung im Hinblick auf das Kommen des Reiches Gottes heraus wie auch vor dem Hintergrund der damit verbundenen Konflikte nebst den religiösen und politischen Folgen verstanden; gleichzeitig wird der theologische Wert des Kreuzestodes für die christliche Deutung der Auferstehung und des "Deus semper major" betont. Dieser Tod wird nicht nur als Folge der Sünde im allgemeinen, sondern auch als Folge historischer Sünden aufgefaßt. Die Auferstehung wird in engem Zusammenhang mit Jesu Leben (Praxis und Botschaft) und Tod gedacht, da durch sie Gott der Vater das Leben und die Lehre Jesu wie auch die Heilsbedeutung seines Todes bestätigte. J.L. Segundo meint, daß der hermeneutische Schlüssel für eine Interpretation des historischen Jesus, wie er bei den Synoptikern

---

14 Trotz lobender Anerkennung von Sobrinos Werk: JeAL, bemängelt J. Alfaro, daß dieses die Entsprechung und Ergänzung von Jesu Praxis und Jesu Botschaft nicht genügend hervorhebt. Vgl. *J. Alfaro*, Análisis del libro 'Jesús en América Latina', in: Revista Latinoamericana de Teología 1 (1984), 103-120, hier 118. Zur Praxis Jesu siehe auch das wichtige Buch von H. Echegaray, La praxis de Jesús, Lima 1980.

15 Vgl. *J. Sobrino*, Cdal, XIX.

erscheint, ein politischer[16], der Deutungsansatz bei Paulus (insbesondere im Römerbrief) hingegen ein anthropologischer ist.[17] In beiden Fällen jedoch wird das Geschichtliche an Jesus und damit Jesu Bedeutung für den heutigen Menschen betont. Denn in der die Lebenshaltung Jesu kennzeichnenden Beziehung zum Vater und dessen Reich wie auch in der Glaubenshaltung der Jesus nachfolgenden Christen wird jene richtige anthropologische Glaubenshaltung zu finden versucht, die den Menschen als Menschen befreit und so zur Übernahme seiner geschichtlichen Aufnahmen befähigt. So hat Jesus nach Segundo auch Bedeutung für die Nicht-Christen. Denn dadurch, daß er das Menschlichste des Menschen berührt und befreit, ist er zugleich auch in seiner religiösen und eschatologischen Bedeutung zugänglich. Allerdings versteht Segundo den Begriff "politischer Schlüssel" bei der Interpretation der Synoptiker in einem umfassenderen Sinn. Denn es geht hier weniger um die politische Macht, wie z.B. um die der Römer über Israel zur Zeit Jesu, als vielmehr um die prophetische Aufdeckung der ideologischen und religiösen Mechanismen, mit deren Hilfe die Hohen Priester, Schriftgelehrten und Pharisäer das einfache jüdische Volk durch eine falsche Gottes- und Gesetzesauffassung unterdrückt. Segundo spricht von Politik, weil Jesus das Volk von dieser religiösen Unterdrückung dadurch zu befreien suchte, daß er an seiner Beziehung zum Vater, seiner Vorliebe für die Armen und seiner Botschaft an diese wie auch an seiner Gottesauffassung konsequent festhielt und so die religiöse und politische Macht sowie die weltlichen Interessen der Hohen Priester und Schriftgelehrten radikal in Frage stellte, was zur Folge hatte, daß diese Jesus mehr und mehr zu hassen begannen und ihn schließlich durch die Römer hinrichten ließen. Nach Segundo ist Paulus dem historischen Jesus insofern treu, als er ihn nicht mehr mit einem politischen, sondern aus einem neuen

---

16 Vgl. *J.L. Segundo*, a.a.O. (s. Anm. 9), II/1, Teil 1: Der "politische Interpretationsschlüssel" hängt eng mit der Option Jesu für die Armen (Segundo spricht von Armen, Kranken und Sündern) zusammen.

17 Ebd. Teil 2. Der Hinweis auf den "anthropologischen Interpretationsschlüssel" ist vor dem Hintergrund der Auffassung Segundos (und der Befreiungstheologie im ganzen) zu sehen, daß der Gegensatz "Glaube und Götzendienst" ursprünglicher ist als der Gegensatz "Glaube und Atheismus." Siehe auch: *J.L. Segundo*, Nuestra idea de Dios, Bucnos Aires 1968.

Kontext heraus mit einem anthropologischen "hermeneutischen Schlüssel" interpretiert. Mit der Betonung einer offenen und von jeglicher Angst befreienden Glaubenshaltung weist Paulus auf die Befreiung des Menschen von Sünde, Tod und Gesetz hin, die ungeahnte Kräfte freisetzt und dadurch den Menschen befähigt, seine Geschichte frei und wirksam zu gestalten. Der richtige anthropologische Glaube[18] besteht darin, daß der Mensch, eben weil er glaubt, von seiner Angst und seiner Sorge um sich selbst ebenso befreit wird wie von jeglichem Zwang, irgendwelchen Götzen anhangen zu müssen. Da dieser Glaube den Menschen wider alle Hoffnung hoffen, glauben und lieben läßt, ist er imstande, die geschichtliche Verantwortung auf sich zu nehmen. Im explizit religiösen Glauben des Paulus wird sowohl die vertrauensvolle Beziehung Jesu zum Vater nachzuvollziehen versucht, als auch liegt diesem Glauben ein anthropologisches Moment zugrunde, das sogar von Nicht-Christen verstanden und nachvollzogen werden kann. Auf der anderen Seite zeigt die Perspektive Segundos, daß sowohl Jesus als auch Paulus die geschichtlichen Vermittlungen (z.B. die Befreiung von politisch wie anthropologisch unterdrückenden Mechanismen) durchaus ernst zu nehmen wußten, da ihre anthropologische Glaubenshaltung über alle geschichtlichen Vermittlungen hinaus offen blieb.[19] (In Parenthese möchte ich bemerken, daß das Interesse Segundos für die anthropologische Glaubenshaltung keinen Reduktionismus bedeutet). Vielmehr ist dieses Interesse die Folge eines tiefer gelagerten Interesses, bei dem es darum geht, die Bedeutung Jesu auch für Nicht-Christen und Atheisten herauszustellen und also aufzuzeigen, daß wirklicher religiöser Glaube tief menschlich und menschlich befreiend ist.

Zusammenfassend läßt sich sagen, daß die Achse der Auslegung aller genannten christologischen Inhalte die Grundbezogenheit Jesu auf den Vater hin wie auch seine konsequente

---

18 Segundo sieht einen "anthropologischen Glauben" in jeder menschlichen Bewertungshaltung (also auch bei Atheisten) grundgelegt, denn diese stützt sich auf "transzendente Angaben" (Datos transcendentes), die nicht empirisch verifizierbar sind. Vgl. *ders.*, a.a.O. (s. Anm. 9), I, Kap. 1).

19 Meiner Meinung nach ist es irreführend, wenn Segundo die geschichtlichen Vermittlungen des anthropologischen Glaubens mit dem Wort "Ideologie" bezeichnet, da dieser Ausdruck mit anderen Bedeutungen belastet ist. Der erste Band seines umfangreichen Werkes über Jesus trägt dann auch den Titel: Glaube und Ideologie.

Ausrichtung auf das Reich Gottes hin ist, dessen erste Adressate die Armen sind. Diese Grundbezogenheit jedoch ist trinitarisch zu verstehen und schließt einen anthropologischen Glauben im Sinne Segundos ein, ohne sich auf diesen zu reduzieren. Dadurch wird es möglich, die Gottheit Jesu und also Jesus als Sohn Gottes und damit dessen immanente Beziehung zum Vater anzuerkennen. Denn das, was Jesus vor allem auszeichnet, ist gerade diese einzigartige Relationalität, seine Gottessohnschaft, die den letzten Schritt einer "Christologie von unten her" darstellt. So wird das richtige Verständnis einer "Christologie von oben her" vorbereitet, da die Offenbarung Gottes in Christus hier nicht "epiphanisch", sondern "sakramental" begriffen wird. Was ist mit dieser Terminologie Sobrinos gemeint? Sobrino will gerade das trinitarische und heilsgeschichtliche Gottesverständnis des Christentums von nichtchristlich gedachten Epiphanien des Göttlichen unterscheiden.[20] K. Rahner würde in diesem Zusammenhang wohl vom Logos als dem Ursymbol des Vaters und von der Menschheit Christi als dem Ursymbol des Logos Gottes sprechen.[21] Die Ausdrücke "sakramentale Offenbarung" und "Ursymbol" wollen sagen, daß Gott, obwohl er sich in Christus endgültig und bleibend geoffenbart hat, in dieser Offenbarung Geheimnis bleibt. Denn die Relationalität geht in einer platten Epiphanie nicht auf.

6.1.2 Die systematische Artikulation der Christologie

Im vorangegangenen Kapitel wies ich darauf hin, daß der hermeneutische Schlüssel für die Interpretation des historischen Jesus und also für die Interpretation seiner Praxis, seiner Botschaft, seines Todes und seiner Auferstehung in Jesu Beziehung zum Vater (einer Beziehung, in der Gott selbst sich als Vater offenbart) und in seiner konstitutiven Bezogenheit auf Gottes Reich hin zu suchen ist. Im folgenden nun werde ich auf die systematische Artikulation der Christologie, wie sie vor allem von J.Sobrino versucht wurde, zu sprechen kommen. Auf logischer Ebene zieht die Befreiungschristologie die historischen und/oder praxisbezogenen Kategorien, als da wären Sünde,

---

20 Vgl. *Sobrino*, JeAL, 86.

21 Vgl. *K. Rahner*, Zur Theologie des Symbols, in: Schriften zur Theologie IV, Einsiedeln 1960, 275-312.

Konflikt, Versuchung, Prozeß, Bekehrung, Nachfolge usw. den ontologischen Kategorien vor. Dieses bevorzugte Interesse gilt hier mehr einem dialektischen Denken (Negation, Bruch, Widerspruch, Parteinahme) und weniger einem analogischen Denken. Von daher greift sie eher auf die Kategorie der Relation zurück als auf die der Substanz, wenn es darum geht, Jesus trinitätstheologisch zu denken. Die Wahrheit soll nicht von Jesu Weg und Jesu Leben getrennt werden; deshalb "kann die Logik der christologischen Reflexion", wie Sobrino betont, "nicht darin bestehen, direkt die christologischen Dogmen zu reflektieren, sondern darin, den Weg zu gehen, der die Formulierung solcher Dogmen ermöglicht. Das logische Vorgehen der Christologie ist also nichts anderes als das chronologische Vorgehen."[22]

Birgt eine solche Position und Akzentsetzung nicht die Gefahr in sich, den Glauben der Kirche an Jesus Christus einzuengen und zu entstellen? Obwohl es in Lateinamerika während der siebziger Jahre auch solche christologischen Modelle gegeben hat, die eine deutliche Bejahung der Göttlichkeit Christi insofern vermissen ließen, als sie (wenngleich mehr in der Praxis als in der Theologie) Jesus eher auf einen Propheten oder einen politischen und revolutionären Kämpfer zu reduzieren versuchten, möchte ich dennoch behaupten, daß die zu den besten zählenden befreiungstheologischen Entwürfe solche Einseitigkeiten nicht aufweisen. Dennoch gab es auch hier Aussagen, die mitunter als zweideutig empfunden und infolgedessen kritisiert wurden, und es gab Formulierungen, die einer genaueren Ausdrucksweise bedurft hätten, um so möglichen Fehlinterpretationen von vornherein entgegenzuwirken. Unter den weiter oben in Anlehnung an J. Sobrino erwähnten konkreten Inhalten verdient die Interpretation der Vorliebe Jesu für die Armen als Ausdruck seiner "Parteilichkeit" bzw. "Parteinahme"[23] besonderer Aufmerksamkeit. Vor diesem Hintergrund ist dann auch die Äußerung zu verstehen, daß Jesus sich in seiner Gesellschaft "aus der Sicht einer Klasse" zu Wort gemeldet bzw. eine "Klassenerfahrung" gemacht hat.[24] Meiner Meinung nach leuch-

22 Vgl. *Sobrino*, Cdal, XVII.

23 Vgl. *Sobrino*, Cdal, XII (passim); *ders.*, JdAL, 71; L. Boff, a.a.O. (s. Anm. 8), 369 (Seitenangabe bezieht sich auf die portugiesische Originalfassung).

24 Vgl. *Sobrino*, Cdal, 108.

tet der Sinn dieser beiden Ausdrücke hier sofort ein, vor allem dank der hinzugefügten Präzisierungen; aber aufgrund ihres gemeinhin üblichen Gebrauchs vornehmlich in gesellschaftsanalytischen Zusammenhängen, tendieren sie dazu, die Sicht und Sendung einzuengen. Das bedeutet nun nicht, daß ein realistisches Verständnis der Konfliktsituation, in der Jesus lebte und wirkte und auf deren Hintergrund Jesu Kreuzestod zu sehen ist, von einer Interpretation seiner Sicht, seiner menschlichen Erfahrung und seiner vorrangigen Option für die Armen getrennt werden sollte. Was jedoch die Interpretation dieser Option betrifft, so können Formulierungen marxistischer Prägung hier möglicherweise zu Mißverständnissen führen, weshalb sie dann auch wohl besser vermieden werden sollten, wenngleich abstrakte, ahistorische und privatisierende Ausdrücke in diesem Zusammenhang ebenfalls zu vermeiden sind. Im Gegensatz dazu scheint mir die Wendung "Parteinahme für die Armen" die vorrangige, jedoch keinesfalls ausschließliche und ausschließende Option für die Armen weitaus besser auszudrücken, zumal eine solche Option, was sowohl die Situation (zur Zeit) Jesu als auch die gegenwärtige Situation in Lateinamerika zeigen, aufgrund der geschichtlichen Umstände immer auch zu Konflikten führt. Selbstverständlich sind als Ursache solcher Konflikte weder Jesus noch seine heutigen Nachfolger zu nennen, ging es Jesus und geht es seinen Nachfolgern heute doch gerade darum, solche Konflikte zu überwinden und nicht etwa ideologisch zu verbrämen. In einem im Jahre 1982 geschriebenen Artikel (dessen deutsche Übersetzung allerdings erst 1986 erschien)[25] zählte ich zu den Formulierungen des ersten christologischen Werkes Sobrinos, die einer weiteren Präzisierung bedurften, solche wie "Jesus wird der Sohn Gottes"[26] u.ä. Mit diesen Ausdrücken wollte Sobrino nun aber keineswegs die Gottheit Jesu (die als Beziehung zum Vater gedacht wird) leugnen, die er im Gegenteil in seinem Werk wiederholt betont. An die Auffassung der Adoption Jesu durch Gott wollte er jedoch ebenfalls keine Zugeständnisse machen; diese wies er schon damals zurück. Das Problem lag vielleicht im übernom-

25 Vgl. meine Arbeit: Theologie der Befreiung. Charakterisierung, Strömungen, Etappen, in: K.H. Neufeld (Hrsg.), Probleme und Perspektiven dogmatischer Theologie, Düsseldorf 1986, 401-439, hier 432.
26 Vgl. *Sobrino*, Cdal, 293.

menen "explikativen Modell." Meines Erachtens hat sich die erfolgreiche Suche nach einer historischen und "aszendenten" Verstehensweise (nach einer Christologie "von unten her" also) als sehr verdienstvoll erwiesen. Diese mußte jedoch (ohne zurückgewiesen zu werden) durch eine "deszendente" (d.h. eine oben ansetzende) und ontologische Verstehensweise ergänzt und entsprechend dialektisch durchdacht werden. Sobrino selbst hat in seinem zweiten christologischen Werk ("Jesus in Lateinamerika") - in selten und lobenswert selbstkritischer Weise - derartige Formulierungen zu klären vermocht und die Unentbehrlichkeit einer "Christologie von oben her" ausdrücklich herausgestellt.[27]

An dieser Stelle sei erwähnt, daß auch Segundo die Bedeutung des christologischen Dogmas von Chalkedon explizit betont, da dieses Dogma "das strikt notwendige Gleichgewicht wahrt, um Jesus als Gott zu denken, ohne die Züge, den Sinn und die Bedeutung seiner menschlichen Geschichte auszulöschen." So hält sie "den Weg offen, um nachträglich und unaufhörlich den anthropologischen Sinn des Lebens und der Botschaft Jesu zu suchen, ohne diesen Sinn einer vorausgehenden Annahme einer Metaphysik des Göttlichen unterzuordnen."[28]

Meiner Meinung nach ist mit der Frage nach der logischen Artikulation der Christologie zugleich auch die Frage nach einer entsprechenden philosophischen Begrifflichkeit aufgeworfen. Sobrino übernimmt zum Beispiel ein historisches und dialektisches Denken, das er wiederholt dem analogischen Denken entgegenstellt. Dagegen gibt es in der lateinamerikanischen Philosophie der Befreiung den Versuch, die Analogie aus der Geschichte her und umgekehrt die Geschichte und die Dialektik aus der Analogie her neu zu denken, und zwar einer Logik gemäß, die man mit dem Namen "Analektik" bezeichnet.[29] Meines Erachtens kann diese der Christologie als philosophische Vermittlung dienen. Dadurch können dann gewisse Einseitigkeiten eines undialektischen, nur abstrakt-theoretischen und ahistorischen Denkens überwunden werden, was jedoch nicht bedeutet, bei einer Dialektik der bloßen Negation zu verbleiben. Darüber hinaus kann auf diese Weise der analogischen

27 Vgl. *Sobrino*, JeAL, 72-90, hier 82ff.

28 Vgl. *J.L. Segundo*, a.a.O. (s. Anm. 9), II/2, 654.

29 Siehe hierzu die entsprechenden Stellen des vorangegangenen Kapitels.

Verwendung der Kategorie der Relation der Vorzug gegeben werden, ohne daß damit der herkömmliche analogische Gebrauch der Kategorie der Substanz bzw. der Natur gering geschätzt wäre. Solche - scheinbar abstrakten - systematischen Fragen bleiben sowohl für die Theologie als auch für die Praxis nicht ohne Folgen.

6.2 Die befreiungstheologische Gotteslehre

Meiner Meinung nach ist die befreiungstheologische Gotteslehre nicht in vergleichbarem Maße entwickelt wie die Christologie. Dennoch liegen bereits mehrere bedeutende Werke von Gustavo Gutiérrez, Ronaldo Muñoz, Pedro Trigo und Leonardo Boff vor, die sich mit dieser Thematik beschäftigen. Im folgenden werde ich jedoch lediglich auf deren methodologischen Ansatz und auf einige ihrer wichtigsten Inhalte eingehen.

6.2.1 Der Ansatz

Auch für die Gotteslehre sind die Zeichen Gottes in der Zeit als Ort und Gegenstand der theologischen Reflexion von Bedeutung, geht es doch darum, daß in Lateinamerika von dem hier und heute sich mitteilenden und wirkenden Gott Jesu Christi und der ihn aufnehmenden Glaubenserfahrung der heutigen lateinamerikanischen Christen ausgegangen wird, damit diese im Licht des Gotteswortes interpretiert werden kann. Nur so nämlich läßt sich die Offenbarung Gottes als des Einen und Dreifaltigen sowie die Offenbarung Gottes als des Schöpfers mit neuen Augen und auf eine neue Weise sehen und deuten; dieses neue Sehen wird möglich durch eine neue geschichtliche Begegnung mit Gott. Demgemäß beginnt Muñoz sein Werk "Der Gott der Christen" dann auch mit einer "narrativen Theologie"[30], die von der geistig-geistlichen Gotteserfahrung der Armen in Lateinamerika erzählt. Diese spirituelle Grunderfahrung wird vom Verfasser mit drei Schlagworten abstrakt zusammengefaßt; diese lauten: "ethische Empörung" (über das ungerechte Elend), "radikales Staunen" (darüber, daß die Armen trotz Unter-

---

30 Vgl. *R. Muñoz*, Der Gott der Christen, Düsseldorf 1987. Siehe insbesondere das zweite Kapitel, das die Überschrift trägt: Gott unterwegs mit uns Glaubenden.

drückung, Leiden und Tod Würde, Freude, Leben und solidarisches Zusammenleben zu schaffen vermögen) und "zwingende Forderung"[31]. In dieser Herausforderung und in diesem Schaffen von Leben in einer Situation des Todes kann der christliche Glaube das Wirken und den Anruf Gottes wahrnehmen. Aus dieser Grunderfahrung im Glauben gewinnt die theologische Reflexion dann ihre Gesamtperspektive, um die Frage nach Gott im Rahmen unserer lateinamerikanischen Wirklichkeit zu stellen und auf diese theologisch eine Antwort zu finden.

Auf eine ähnliche Weise setzt auch P. Trigo bei der lateinamerikanischen Wirklichkeit an, wenn er über "Schöpfung und Geschichte" schreibt und dabei aufzeigt, wo heutzutage in Lateinamerika geschichtliche Schöpfung erfahren wird.[32] Wie Israel zur Anerkennung der Schöpfung aus dem Nichts aufgrund seiner geschichtlichen Erfahrung der schöpferischen Befreiung aus Ägypten durch Gott gekommen ist, so bietet die heutige befreiende Schöpfungserfahrung in Lateinamerika den hermeneutischen Ort, um die biblische Botschaft von der Schöpfung aus dem Nichts, der Schöpfung in der Geschichte und der geschichtlichen Schöpfung tiefer zu verstehen. Ich glaube, daß es Trigo mit seinem Buch (auf das hier leider nicht näher eingegangen werden kann) in hervorragender Weise gelungen ist, ein Beispiel dafür zu geben, wie der methodologische Ausgangspunkt und hermeneutische Zirkel der Befreiungstheologie ein bestimmtes theologisches Thema (im vorliegenden Fall auf das Thema Schöpfung und Geschichte) angewendet werden könne.[33] Das Werk von Gutiérrez "Der Gott des Lebens"[34] ist die schriftliche

---

31 Ebd., 42-49.

32 Vgl. *P. Trigo*, Creación e historia en el procesco de liberación, Madrid 1988. Siehe vor allem das erste Kapitel. Der Ausgangspunkt wird durch die geschichtliche Schöpfung in Lateinamerika heute bestimmt, die zirkelhaft im Licht der Hl. Schrift gelesen wird.

33 Die Zeichen der Zeit werden durch Trigo ernst genommen und in die theologische Reflexion im Licht des Evangeliums mit einbezogen, ganz so, wie von *J. Sobrino* dargelegt in: Hacer teología en América Latina, in: Theologica Xaveriana 39 (1989), 139-156, hier 140-144.

34 Vgl. *G. Gutiérrez*, El Dios de la vida, Lima 1982. Im Dezember 1989 erschien als ein wichtiger Beitrag zur befreiungstheologischen Gottes- und Dreifaltigkeitslehre von *G. Gutiérrez* das Buch: El Dios de la vida, Lima

Wiedergabe einer Vorlesungsreihe und erhebt demzufolge nicht den Anspruch, eine fundierte befreiungstheologische Gotteslehre zu sein. Nichtsdestoweniger ist es ein sehr bedeutendes Werk. Der Verfasser bezieht sich hier ausdrücklich auf die von ihm entwickelte Methode, wenn er sagt, daß Mystik und Praxis - als der erste Akt - der theologischen Rede - als dem zweiten Akt - vorausgehen. Mystik und Praxis meint hier die heutige Kontemplation Gottes im Leben und Leiden der Armen sowie das Tun des göttlichen Willens im Rahmen einer auf diese kontemplative Grunderfahrung antwortenden Befreiungspraxis. In einem zweiten Schritt erst ist dann theologisch danach zu fragen, wer Gott ist (erster Teil), wo er begegnet (zweiter Teil) und wie theologisch von ihm gesprochen werden kann (dritter Teil). Die Frage nach dem Wie einer theologischen Rede von Gott wird von Gutiérrez auch in seinem Buch "Von Gott sprechen in Unrecht und Leid. Ijob" behandelt.[35] Auch hier steht das arme und glaubende Volk Lateinamerikas im Hintergrund, wenn es darum geht, den Erfahrungszusammenhang und den Wortlaut des Buches Ijob zu kommentieren.

Das Werk L. Boffs "Der dreieinige Gott" hat einen ähnlichen Hintergrund, wenn es zum Beispiel die Grundperspektive des systematischen Verständnisses der trinitarischen Wahrheit annimmt. Um das Geheimnis der Trinität theologisch aussagbar zu machen, zieht der Verfasser hinsichtlich der drei möglichen Tendenzen einer trinitätstheologischen Systematisierung diejenige vor, die weniger von der Einheit der göttlichen Natur oder Wesenseinheit des Vaters als vielmehr von der Gemeinschaft der drei göttlichen Personen ausgeht.[36] Denn eher als die beiden anderen entspricht diese systematische Vorstellung sowohl der

---

1989, das im Rahmen der dieser Studie zugrundeliegenden Vorlesungsreihe vom Herbst 1989 in Frankfurt am Main nicht berücksichtigt werden konnte.

35 Vgl. *G. Gutiérrez*, Von Gott sprechen in Unrecht und Leid. Ijob, München-Mainz 1988. Diese Gotteslehre hängt eng mit der von Gutiérrez in mehreren seiner Werke immer wieder behandelten Spiritualität der Befreiung zusammen.

36 Vgl. *L. Boff*, Der dreieinige Gott, Düsseldorf 1987. Im Text wird vor allem auf die Kapitel IV, VI und VII Bezug genommen. Auch das Buch *J. Comblins*, El Espíritu Santo y la liberación, Madrid 1987, stellt einen Beitrag zur befreiungstheologischen Gotteslehre dar. Und auch hier wird der Ausgangspunkt durch die Erfahrung des Heiligen Geistes in Lateinamerika heute sowie in Schrift und Tradition bestimmt.

Grunderfahrung von Gemeinschaft in den kirchlichen Basisgemeinden Lateinamerikas als auch deren geschichtlichem Projekt einer Gesellschaft des gemeinschaftlichen Miteinanders und der kommunizierenden Teilhabe. Trotzdem meine ich, daß sich in der Theologie der Befreiung Ansätze finden lassen (so z.B. bei J. Sobrino)[37], die zu einer tiefen Erneuerung des trinitarischen Gottesverständnis beitragen können, die jedoch bislang zu wenig systematisch ausgearbeitet sind.

6.2.2 Einige Inhalte der Gotteslehre

Ich möchte nun noch auf einige Akzentsetzungen hinweisen, die der befreiungstheologischen Gotteslehre eigen sind. Denn obwohl diese das Ganze der Offenbarung Gottes behandelt, setzt sie an einigen Stellen Schwerpunkte; diese ergeben sich aus ihrer Gesamtperspektive. Unter anderem sind hier zu erwähnen: (1) Der Gott der Christen hat nicht so sehr den Atheismus als vielmehr den Götzendienst zum Gegner.[38] (2) Die treffendste Bezeichnung für den christlichen Gott ist die Umschreibung "Gott des Lebens", insofern Leben hier auch und vor allem Liebe, Gerechtigkeit und eine besondere Vorliebe für die Armen wie auch für alle diejenigen bedeutet, die durch den Tod in all seinen Formen bedroht sind. Darüber hinaus ist Leben ein umfassender Begriff, der die verschiedenen Bedeutungsebenen in sich (das Gnadenleben, das menschenwürdige Leben, das Überleben) einschließt. (3) In Anbetracht der heutigen Situation einer weitgehenden Säkularisierung der Jugend vielerorts in Lateinamerika (so Muñoz) kann die heilsgeschichtliche, befreiende, menschenfreundliche Offenbarung Gottes in der Schrift dazu beitragen, die "Krisis der Gottesidee" zu überwinden.[39] (4) Die Schöpfung ist der Geschichte immanent, und die Geschichte ist schöpferisch. Diese Grunderfahrung wird durch den Glauben an Gott den Schöpfer ermöglicht und gewinnt von daher ihre eigentliche Bedeutung, so daß nicht nur der geoffenbarte Glaube und das heutige schöpferische Handeln Gottes, sondern darüber

---

37 Vgl. *Sobrino*, Cdal und JeAL (s. Anm. 33).

38 In ähnlicher Weise äußert sich das Dokument von Puebla, wenn es auf die Idee des Reichtums und der Macht zu sprechen kommt. Vgl. DP 493, 500 und anderswo. Siehe auch oben Anm. 17.

39 Vgl. *Muñoz*, a.a.O. (s. Anm. 30), insbes. die Einleitung zu Teil 2.

hinaus auch das menschliche Subjekt des geschichtlich Neuen im Licht dieses Glaubens zu begreifen vermocht wird. (5) Die Erfahrung einer durch den Glauben und die Liebe miteinander verbundenen Gemeinschaft innerhalb der kirchlichen Basisgemeinden wird durch den Glauben an den dreieinigen Gott so verstärkt und vertieft, daß die Dreieinigkeit Gottes als gemeinsame Vereinigung (communio) und Selbstschenkung der Personen besser verstanden werden kann. Darüber hinaus bleibt auf diese Weise die Befreiung zu wirklicher Gemeinschaft und zur Teilhabe aller, insbesondere der Armen, am Leben von Gesellschaft und Kirche eine permanente Herausforderung.

In jedem dieser Fälle wird implizit oder explizit an die Nachfolge Jesu gedacht, da nur in ihm und durch die Kraft und das Licht des Heiligen Geistes Gott der Vater - der Gott des Lebens und der Liebe, der Gott der Geschichte und des in Jesus Christus angebrochenen Reiches - und nicht irgendeine Gottheit, geschweige denn ein Götze erkannt werden kann.[40] Von daher läßt sich behaupten, daß die befreiungstheologische Gotteslehre auf der Christologie fußt.

---

40 Vgl. *Sobrino*, Cdal, XVIIf.

7. Befreiungstheologie, Ekklesiologie und Anthropologie

Von Anfang an beschäftige sich die Theologie der Befreiung im Rahmen ihrer Grundlagenreflexion mit der Frage nach der Kirche.[1] Doch erst, als sie ihre eigene methodologische Grundlage genügend geklärt und vertieft hatte, ging sie dazu über, sich gemäß ihrer eigenen Methode mit allen wichtigen Glaubensaussagen im einzelnen auseinanderzusetzen, und zwar zunächst im Bereich der Christologie und dann auch im Bereich der Ekklesiologie. Obwohl ein spezifisch ekklesiologisches Hauptwerk der Befreiungstheologie meines Erachtens noch immer fehlt, gibt es wichtige Werke von J. Sobrino, Leonardo Boff und anderen, die mehrere Aspekte des Mysteriums der Kirche befreiungstheologisch behandeln. Von daher ist es in gewisser Weise möglich, über eine eigene befreiungstheologische Ekklesiologie zu reden. Meiner Meinung nach sind für die befreiungstheologische Ekklesiologie vor allem zwei Wurzeln anzugeben, und zwar zum einen das methodologische Selbstverständnis der Befreiungstheologie und zum anderen die befreiungstheologische Christologie.

7.1 Die befreiungsekklesiologische Methode

In seinem ekklesiologischen Werk "Auferstehung der wahren Kirche. Die Armen: theologischer Ort der Ekklesiologie" stellt Jon Sobrino die Methode der Befreiungsekklesiologie dar.[2] Seiner Meinung nach muß diese Methode objektiv von der aktuellen Wirklichkeit der Kirche ausgehen, insofern diese

---

1 Vgl. *Gutiérrez*, TdB, 237-267.

2 Vgl. *J. Sobrino*, Resurrección de la verdadera Iglesia, Los pobres, lugar teológico de la eclesiologia, Santander 1981, insbes. 15-19. Die ekklesiologische Methode - die in anderen Kapiteln des Buches behandelt wird - ist eine Anwendung der allgemeinen theologischen Methode, die im ersten Kapitel dieses Buches dargestellt wird. Vgl. ebd. 21-53. Zum selben Sachverhalt siehe auch: *A. Quiroz*, Eclesiología de la teología de la liberación, Salamanca 1984.

christlich ist, das heißt, insofern sie aktuelle Kundgabe Gottes ist. Es geht also darum, daß die konkreten Zeichen der Zeit und die aktuelle Gegenwart Gottes bzw. Christi in der Kirche ernst genommen werden, ohne deren Gegenwart die Kirche keinen theologischen Gegenstand darstellen würde. Ohne einen solchen Ausgangspunkt würde die Ekklesiologie laut Sobrino Gefahr laufen, daß die Lehre über die Kirche abstrakt (genauer gesagt: vielleicht generisch wahr, aber historisch unwirksam und unbedeutend) bliebe. Von daher muß die ekklesiologische Reflexion objektiv von der aktuellen geschichtlichen Realität der Kirche als Sakrament ausgehen. Subjektiv aber soll sie im heute verwirklichten kirchlichen Glauben ihren Ausgangspunkt nehmen, der auf die soeben erwähnte Gegenwart Christi antwortet.

Es geht also um die geschichtliche Glaubenspraxis der gegenwärtigen Kirche als Anfang, ersten Inhalt und Ort der ekklesiologischen Reflexion, insofern sie eine gläubige Antwort auf die geschichtliche Herausforderung und die neue Kundgabe Christi gibt. Der objektive Kern dieser neuen Kundgabe Gottes besteht in Lateinamerika heutzutage in der Offenbarung Gottes in den Armen, insofern diese eine Art Infragestellung, Herausforderung und Belehrung Gottes darstellen, darin der Glaube die Botschaft etwa von Mt 25 oder Mt 11,25 vernimmt. Christus fordert in den Armen zu einer parteinehmenden Liebe derjenigen auf, die an den ungerechten sozialen Strukturen leiden, damit sie Anteil am Leben gewinnen und das Reich Gottes für sie anbrechen kann. Doch sind die Armen in Lateinamerika nicht nur eine Herausforderung für die Kirche im ganzen, vielmehr sind sie auch selbst lebendige Kirche (gläubiges und armes Volk) wie ja auch die kirchlichen Basisgemeinden zu einem neuen Antlitz der Kirche, zum Zeichen und Werkzeug Christi und seines Heils geworden sind. Subjektiv besteht die richtige gläubige Antwort der Kirche dann in der Anerkennung der sakramentalen Gegenwart Christi in den Armen wie auch in einer vorrangigen Liebe der Armen. Diese Liebe will geschichtlich wirksam werden, und infolgedessen realisiert sie sich in einer befreienden Praxis, die die Königsherrschaft Gottes schon jetzt anfanghaft Wirklichkeit werden lassen will. Dementsprechend geht die ekklesiologische Reflexion von einem wirklichen und gegenwärtigen Faktum des Glaubens aus, das sie vor dem Hintergrund dessen, was die Heilige Schrift und die Tradition über die Kirche sagen, theologisch auszulegen und praktisch zu fördern versucht.

Von diesem Ausgangspunkt aus sucht die befreiungstheologische Ekklesiologie die ganze herkömmliche ekklesiologische Lehre zu integrieren, und zwar so, daß von hier aus ihr wirklicher und aktueller Gegenstand sichtbar wird: die durch die Kraft des Heiligen Geistes entstehende Kirche der Armen. In der Beschreibung der befreiungsekklesiologischen Methode durch Sobrino spiegelt sich die Auffassung wider, die Gustavo Gutiérrez in bezug auf die befreiungstheologische Methode im allgemeinen vertritt. Doch werden bei Sobrino sowohl der erste Akt (Kontemplation und Praxis) als auch der zweite Akt (kritische Reflexion im Licht des Glaubens) ekklesiologisch verstanden. Denn es handelt sich hier um die Kontemplation der Gegenwart Christi in der Kirche der Armen sowie um die glaubende Praxis der Kirche in ihrer vorrangigen Option für die Armen und darüber hinaus um die Reflexion vor dem Hintergrund dessen, was der Glaube über die Kirche lehrt. Läuft aber diese ekklesiologische Methode nicht Gefahr, die Kirche, wie sie sich gegenwärtig zeigt, lediglich zu bestätigen, ohne die Normativität von Schrift und Tradition hinreichend zu berücksichtigen? Auf diesen Einwand antwortet J. Sobrino mit einem doppelten Hinweis, der die Begründung der befreiungstheologischen Ekklesiologie in der Christologie und Gotteslehre bestätigt. Die erste Antwort auf diesen Einwand ist von grundsätzlicher Art.[3] Denn die trinitarische und pneumatologische Begründung der Kirche und der Ekklesiologie weisen darauf hin, daß der Geist Gottes in der Geschichte und in der Kirche unaufhörlich weiterwirkt. Und so kann es dann auch nicht verwundern, daß die Kirchengeschichte, und zwar auch die aktuelle, als zum Wesen der Kirche gehörende anerkannt und in die theologische Reflexion über die Kirche mit einbezogen wird. Aus diesem Grunde kann und muß das Neue, das durch die Kraft des Geistes an der Kirche geschieht, zur Quelle der ekklesiologischen Erkenntnis werden. In Lateinamerika geschieht heute erneut eine Genese der Kirche der Armen[4], die durch den Geist Jesu

3 Vgl. *J. Sobrino*, a.a.O. 17.

4 So drückt sich *L. Boff* aus in seinen Werken: Eclesiogénesis. Las comunidades de base reinventan la Iglesia, Santander 1980 (in deutscher Übersetzung: Die Neuentdeckung der Kirche. Basisgemeinden in

Christi hervorgerufen wird. Daneben führt Sobrino noch einen zweiten grundsätzlichen Beweisgrund an. In der befreiungstheologischen Christologie geht man davon aus, daß die Geschichte Jesu zum Christus des Glaubens und zu einem christologischen Verständnis Jesu wesentlich dazugehört. Auf eine ähnliche Weise unterstreicht die befreiungstheologische Ekklesiologie nicht nur die theologische Bedeutung des geschichtlichen Jesus und seiner Praxis für die Ekklesiologie, sondern betont auch, daß zu einer Reflexion über das Wesen der Kirche deren Geschichte wesentlich dazugehört. Denn das Wesen der Kirche existiert nur insofern, als es sich geschichtlich manifestiert. Demzufolge muß die ekklesiologische Reflexion die Geschichte der Kirche und das gegenwärtige Wirken Gottes an ihr und in ihr wie auch ihre glaubende und liebende Antwort auf Gott hin theologisch sorgfältig bedenken. Neben diesen grundsätzlichen Argumenten gegen den oben genannten Einwand gilt es nun noch etwas Wichtiges hinzuzufügen.[5] Denn das, was sich in der lateinamerikanischen Kirche gegenwärtig als etwas Neues darstellt, ist nicht irgendeine Realität bzw. ein beliebiges Neues, vielmehr ist das, was hier geschieht, eine treuere Nachfolge Jesu und eine erneute Verkündigung des Evangeliums an die Armen und durch die Armen. Die Treue in der Nachfolge Jesu im Blick auf die Zeichen der Zeit ließ innerhalb der Kirche erneut eine evangelisierende Kraft entstehen, die sich - wie bei Jesus - bevorzugt an die Armen richtet und sich in der vorrangigen Liebe der Armen verdichtet. Eine solche Treue jedoch führte - wie bei den ersten Christen - zu einer systematischen und grausamen Verfolgung der Kirche; andererseits schuf und schafft sie in der Kirche ein Wachstum im Glauben, in der Hoffnung und in der Liebe und trug bzw. trägt nicht selten zu einer Hoffnung wider jede Hoffnung bei. Dementsprechend erneuert und vertieft die Kirche in sich das Gedächtnis Jesu und folgt ihm auf eine dem Evangelium gemäßere Weise nach. Dies alles sind Zeichen dafür, daß der Geist Jesu in der Kirche am Werk ist wie auch, daß er es ist, der diese evangelische Erneuerung in ihr schafft. Diese neue Form einer Kirche Christi als einer Kirche der Armen wird also durch den Geist Gottes als eine Kirche im Sinne Jesu ausgewiesen und

---

Lateinamerika, Mainz 1980); ... y la Iglesia se hizo pueblo. "Eclesiogénesis": la Iglesia que nace de la fe del pueblo, Santander 1986.

5 Vgl. *J. Sobrino*, a.a.O., 17f.

gegenüber anderen und inzwischen bereits veralteten geschichtlichen Formen von Kirche als eine echtere Form bestätigt, da sie im Vergleich zu diesen der evangelisierenden Praxis Jesu am nächsten kommt.

7.2. Einige inhaltliche Aussagen der befreiungstheologischen Ekklesiologie

Die oben dargestellten methodologischen Aussagen J. Sobrinos entsprechen einigen der inhaltlichen ekklesiologischen Grundauffassungen von L. Boff. Denn beide Befreiungstheologen weisen auf die Genese der Kirche der Armen in Lateinamerika als eine doch recht traditionsgebundene Form, Kirche Christi zu sein, hin.

7.2.1 Zum Kirchenverständnis bei L. Boff

Zwischen Sobrinos Auffassung der befreiungsekklesiologischen Methode und den ekklesiologischen Überlegungen L. Boffs, die dieser in seinen verschiedenen ekklesiologischen Werken anstellt und die es im folgenden darzustellen gilt, besteht inhaltlich ein enger Zusammenhang. Zu nennen ist erstens: seine Auffassung des Katholischen als Inkarnation und immer wieder neuer geschichtlicher "sakramentaler" Vermittlung des Christlichen[6], das heißt also als Vermittlung der Offenbarung Gottes in Christus und der daraus sich ergebenden Nachfolge Jesu wie auch des nahe gekommenen Reiches Gottes. Doch geht es hier nicht um eine beliebige geschichtliche Konkretion des Christlichen, sondern um eine in der Nachfolge Jesu und getreu der von ihm gestifteten Überlieferung geschehende Konkretisierung, die gegenwärtig erneut durch den Geist Christi bewirkt wird. Der Geist gewährleistet eben die sakramentale Identität der Kirche durch verschiedene geschichtliche Formen, Kirche zu sein, hindurch bis hin zu der heute in den kirchlichen Basisgemeinden Lateinamerikas entstehenden Kirche der Armen.

An zweiter Stelle ist das relationale Verständnis der Kirche zu nennen, das von Boff in seinem doppelten konkreten Bezug zum Reich Gottes und zur Welt begriffen wird. Denn die Kirche ist

---

6 Vgl. *L. Boff*, Kirche: Charisma und Macht, Düsseldorf 1985, hier u.a. 124-163.

einerseits Sakrament, das heißt Zeichen und Werkzeug der antizipierten Verwirklichung der Königsherrschaft Gottes in der Welt.[7] Andererseits ist sie aber auch ein Teil der Welt, da sie durch das Geschenk des Geistes und im Dienst für die Welt die in Jesus Christus geoffenbarte Königsherrschaft Gottes empfing, die Erinnerung an diese bewahrt, sie verkündigt und feiert. Entsprechend der nachkonziliaren Theologie versucht Boff das Verständnis der Kirche als Sakrament wie auch die Sendung der Kirche dynamisch und geschichtlich aufzufassen. Im Vergleich zu anderen neueren Ekklesiologien jedoch historisiert er dieses Verständnis radikaler. Denn der Zusammenhang von Reich Gottes, Welt und Kirche, wird von Boff der Situation Lateinamerikas gemäß konkreter bestimmt. Er erkennt in den lateinamerikanischen kirchlichen Basisgemeinden und in der dort entstehenden Kirche der Armen das vorrangige Zeichen und Werkzeug und also das Sakrament einer tatsächlichen Vorwegnahme der Verwirklichung des Reiches Gottes in Lateinamerika. Darüber hinaus sieht er die Kirche vor allem zu den Armen gesandt. Diese sind die Welt, auf die hin sich Kirche auszurichten hat.

An dritter Stelle möchte ich die Reflexion Boffs über den Aspekt erwähnen, daß, so wie das Wort Fleisch geworden, "die Kirche Volk geworden ist."[8] Wenn Boff hier abermals die Inkarnation und Inkulturation des Volkes Gottes inmitten der Armen meint, dann ist dieser Ausdruck lediglich eine andere Formulierung für das oben bereits Gesagte. Boff scheint hier jedoch noch etwas anderes sagen zu wollen; der Ausdruck "Volk Gottes" ist von ihm nicht nur als Metapher gemeint. Denn die Konstituierung der Masse zum Volk ist nach Boff Bedingung dafür, daß die Kirche eigentlich und nicht nur metaphorisch als Volk Gottes bezeichnet werden kann.[9] Weiter unten werde ich auf diesen Sachverhalt noch etwas genauer eingehen.

---

7 Ebd., insbes. 15-30.

8 Vgl. *L. Boff*, ... y la Iglesia se hizo pueblo, a.a.O. (s. Anm. 4), 15f.

9 Vgl. *ders.*, Significado teológico de pueblo de Dios e Iglesia popular, in: Concilium 196 (1984), 441-454 und in *ders.*, ... y la Iglesia se hizo pueblo, a.a.O. (S. Anm. 6), Kap. 3.

7.2.2 Die Kirche der Armen

Sowohl die methodologischen Reflexionen Sobrinos als auch die ihnen entsprechenden ekklesiologischen Ansichten Boffs beziehen sich hauptsächlich auf das Phänomen der Entstehung und Reifung der kirchlichen Basisgemeinden und anderer ähnlicher Gruppen in Lateinamerika wie auch auf die in ihnen neu aufblühende Volksspiritualität, die von Gutiérrez in seinem Buch "Aus der eigenen Quelle trinken" einfühlsam und anschaulich beschrieben wird.[10] Und so waren es denn auch vor allem geistige, pastorale, gesamtmenschliche und auch politische Erfahrungen, die zu folgenden ekklesiologischen Reflexionen Anlaß gaben:

Erstens: Die Kirche der Armen wird nicht nur als eine historische Seinsform[11] der Kirche in der Gegenwart Lateinamerikas verstanden, sondern auch als eine Grundstruktur des geeigneten Weges, die Wirklichkeit der Kirche zu leben und zu denken.[12]

Zweitens: Die Armen werden als die Mitte, das heißt als ein Strukturierungs-, Organisations- und Sendungsprinzip[13], dieser Seinsweise der Kirche betrachtet.

Drittens: Die Armen werden auch als "theologischer Ort der Ekklesiologie" (so die Formulierung J.Sobrinos im Untertitel seines Buches) anerkannt. In seiner Dissertation über die befreiungstheologische Ekklesiologie spricht der junge chilenische Theologe J.Silva von "der Solidarität mit den Armen als dem hermeneutischen Schlüssel"[14], zu ergänzen ist: einer befreienden Ekklesiologie. Ein solches Verständnis einer vorrangigen Stellung der Armen in der Kirche, demzufolge die Armen die ersten Empfänger des Reiches Gottes wie auch die bevorzugten Träger einer sakramentalen Verwirklichung sind, ein solches

---

10 G. *Gutiérrez*, Aus der eigenen Quelle trinken, a.a.O. (s. Kap. 0, Anm. 15).

11 Vgl. *J. Sobrino*, a.a.O. (s. Anm. 2), 99 und anderswo; L. Boff, a.a.O. (s. Anm. 6), 222-231.

12 Vgl. *J. Sobrino*, a.a.O., 110.

13 Ebd., 109. Ich spreche lieber von der vorrangigen Option für die Armen als dem hermeneutischen Ort der Theologie. Vgl. meinen Aufsatz zu dieser Frage, der in Kürze im Rahmen einer geplanten Veröffentlichung der Katholischen Universität Eichstätt zum Thema der Option für die Armen in Lateinamerika erscheinen wird.

14 Vgl. *J. Silva*, El significado eclesiológico de la solidaridad de la Iglesia con los pobres. Una sistematización a partir de la reflexión eclesiológica latinoamericana, Tübingen (unveröffentlichtes Manuskript).

Verständnis wurzelt in der historischen Praxis Jesu, wie sie durch die befreiungstheologische Christologie dargestellt wird. Es ist wichtig, sich hier nicht auf die oben erwähnten Aspekte zu beschränken. Denn im selben Kontext spricht z.B. Sobrino von den Armen als dem "bevorzugten strukturellen Weg zum Hervortreten der Realität des Christlichen"; doch nennt er daneben auch andere und ebenso privilegierte Wege der Wahrheit und der Gnade Christi, wie z.B. das Lehramt, die Sakramente usw.[15] Doch steht die befreiungstheologische Ekklesiologie noch immer vor der Aufgabe, über den inneren Zusammenhang dieser verschiedenen "strukturellen Wege" oder "Ordnungsprinzipien" bzw. "theologischen Orte" der Ekklesiologie nachzudenken. Meines Erachtens kann die oben genannte Auffassung J.Silvas hinsichtlich einer inhaltlichen Bestimmung des hermeneutischen Schlüssels diese Aufgabe lösen helfen: Das Neue der befreiungsekklesiologischen Reflexion besteht vor allem in einem neuen hermeneutischen Ort, der seinerseits durch das Wort Gottes erleuchtet und evtl. geläutert werden muß. Dieser Ort einer neuerlichen Glaubensinterpretation ist die neu gestaltete Solidarität mit den Armen wie auch umgekehrt der Armen mit der Kirche als Kirche und in der Kirche.

Wenn man also von einer "Ekklesiogenese" spricht oder davon, daß "die Basisgemeinschaften die Kirche neu entdecken", oder auch von einer "Auferstehung der wahren Kirche", wie dies L.Boff und J.Sobrino tun[16], so wollen diese Äußerungen keinesfalls die Kontinuität des Glaubens der Kirche und an die Kirche leugnen, sondern auf einen Bruch mit bestimmten geschichtlichen Existenzformen der Kirche hinweisen. Ein solcher Bruch muß im Sinne der "ecclesia semper reformanda" verstanden werden, die mit dem Alten und Sündhaften brechen will. Trotz allem also wird die wesenseigene, geschichtliche Kontinuität der Kirche durch ihre verschiedenen historischen Formen hindurch wie auch alles Positive in der Geschichte der Kirche nicht nur anerkannt, sondern darüber hinaus auch nachdrücklich unterstrichen.

---

15 Vgl. *J. Sobrino*, a.a.O. (s. Anm. 2), 110f.

16 Vgl. die Titel bzw. Untertitel der oben angegebenen Werke (s. Anm. 2 und 4).

7.3 *Vorbehalte und Einwände gegen befreiungsekklesiologische Auffassungen*

Einige Formulierungen bzw. Auffassungen der befreiungstheologischen Ekklesiologie stießen auf Kritik. An erster Stelle ist die Kritik des Heiligen Stuhls zu erwähnen. Und hier möchte ich zunächst auf die Kritik Johannes Pauls II. am Ausdruck "Iglesia popular" (Kirche des Volkes) hinweisen, die dieser in Puebla übte. An zweiter Stelle werde ich dann etwas zu dem weiter oben bereits angerissenen und vor allem bei L. Boff begegnenden Thema: Kirche als "Volk", sagen, da dieses mit dem Gegenstand der Kritik des Papstes zusammenhängt. In einem dritten und letzten Punkt schließlich werde ich auf die Stellungnahme der Kongregation für die Glaubenslehre zu L. Boffs Buch "Kirche: Charisma und Macht" zu sprechen kommen.

7.3.1 *Die Einwände Papst Johannes Pauls II.*

Papst Johannes Paul II. warnte in Puebla vor denjenigen, die der "institutionellen" oder "offiziellen" Kirche - der sie offenbar mißtrauen - eine "Kirche des Volkes", also eine Kirche, "die aus dem Volk geboren wird", entgegenzusetzen suchen.[17] Ich glaube, daß die zuletzt genannte Formulierung von mehreren Vertretern der Ekklesiologie der Befreiung in dem Sinne verwendet wird, den das Dokument von Puebla als annehmbar anerkennt; dort heißt es nämlich: "Wenn sie (die "Volkskirche", J.C.S.) sich als eine Kirche versteht, die in den breiten Volksschichten des Kontinents Gestalt annehmen will und die daher aus der Antwort des Glaubens dieser Schichten an den Herrn entsteht, so wird das erste Hindernis vermieden: die offensichtliche Verneinung der Grundwahrheit, die uns lehrt, daß die Kirche stets aus einer ersten Initiative 'von oben her', vom Geist, der sie erweckt, und vom Herrn, der sie zusammenruft, geboren wird. Aber der Name scheint wenig glücklich gewählt zu sein."[18] Meiner Meinung nach liegt das Problem hier in der Entgegensetzung von "Volkskirche" und "offizieller Kirche." Von daher kann ich mich mit der Unterscheidung, die L. Boff zwischen der Kirche als Institution und der Kirche als Sakrament macht, so auch nicht einverstanden er-

17 Vgl. *Papst Johannes Paul II.*, Eröffnungsansprache zur Konferenz von Puebla I, 8 Acta Apostolicae Sedis 71 (1979), 194.

18 Vgl. DP 263.

klären.[19] Denn die Kirche als Institution selbst ist Sakrament und muß Sakrament, das heißt Zeichen und Werkzeug des Heils sein. Es ist gewiß richtig, daß, wie Boff betont, "die soziale Sichtbarkeit der Kirche die Gnade und das Reich Gottes handgreiflich macht", doch wird man ihm wohl kaum beipflichten können, wenn er behauptet, daß "die Institution Vehikel für das Sakrament"[20] sei, als ob dieses nicht sichtbar und jene nicht Geheimnis und Sakrament wäre. Eine Unterscheidung müßte m.E. unter zwei Aspekten in bezug auf die Institution selbst getroffen werden, und zwar zum einen unter dem Aspekt, den die Sozialwissenschaften im Licht ihrer besonderen Formalobjekte zu untersuchen in der Lage sind, und zum anderen unter dem Aspekt, den nur der Glaube anerkennen kann. Zwischen diesen beiden verläuft der hermeneutische Zirkel, der der gesellschaftsanalytischen Vermittlung eigen ist, in der die Priorität jedoch dem Glauben zukommt. Denn die gesellschaftsanalytische Begrifflichkeit muß im Licht des Glaubens kritisch geprüft, gereinigt und umgeformt werden, bevor die Ekklesiologie sich ihrer als Vermittlung bedienen kann, um die soziale und geschichtliche Realität der Kirche theologisch zu begreifen. Nichtsdestoweniger kann die analytische Vermittlung dazu dienen, bestimmte ekklesiologische Auffassungen oder kirchliche Praktiken im Licht des Glaubens zu kritisieren.

7.3.2 Kirche als "Volk"

Ein weiteres Problem liegt wohl darin, daß einige Befreiungstheologen, wie z.B. L.Boff, ihr theologisches Verständnis von Kirche als Volk Gottes respektive einer Kirche des Volkes durch einen gesellschaftsanalytischen Volksbegriff vermitteln, der m.E. nicht kritisch genug verwendet wird, so daß der Einfluß marxistischer Tradition hier leicht erkennbar werden kann. Denn für Boff bestehen die materiale Basis, die geschichtlich-sozialen Voraussetzungen und die tragende Stütze einer realen, eigentlichen und also nicht bloß metaphorischen Bezeichnung des Volkes Gottes als Volk in einer explizit bewußt gewordenen, organisierten und wirksamen Teilnahme des Volkes an der Produktion der Kirche und ihrer religiösen und symbolischen Güter.

---

19 Vgl. *L. Boff*, a.a.O. (s. Anm. 6), insbes. 195-221.
20 Vgl. *ders.*, Iglesia: Carisma e Poder, Petrópolis 1981, 175.

Darüber hinaus meint materiale Basis hier die Organisation einer Kirchengemeinschaft, für die der Prozeß der gemeinschaftlichen produktiven Kräfte wesentlich ist, durch den eine formlose Masse zum Volk wird. Daß die Kirche als Volk Gottes eine Gabe "von oben" ist, wird von Boff zwar keineswegs bestritten; dennoch meint er, daß jene materiale Basis notwendig sei, um die Kirche in einem realen Sinn als Volk bezeichnen zu können. Ohne diese bliebe der Begriff "Volk" nämlich eine bloße Metapher.[21] Weiter unten wird an der Verwendung einer solchen - durch den Marxismus beeinflußten - gesellschaftsanalytischen Begrifflichkeit noch Kritik zu üben sein. Hier soll es genügen, darauf hinzuweisen, daß die Kirche weder univok noch nur metaphorisch, sondern eigentlich und analog als Volk bezeichnet wird. Eine analoge Verwendung des Volksbegriffs ist m.E. nicht nur unter der geschichtlichen und praktischen Voraussetzung einer selbstbewußten und explizit organisierten Teilnahme des Volkes an der Produktion der religiösen Güter möglich, wenngleich eine solche Teilnahme zu befürworten ist. Denn die gemeinsame kirchliche Identität und das gemeinsame spontane kirchliche Bewußtsein, die beide durch den gemeinsamen Glauben und durch die Gemeinschaft untereinander und mit dem Haupt dieser Gemeinschaft gewährt werden, genügen, um der realen Bezeichnung der Kirche als "Volk" eine soziale Voraussetzung zu geben. Hierbei handelt es sich jedoch um eine Voraussetzung, die die Gnade Gottes sich selbst setzt und die darum stets Geschenk ist.[22] Es genügt also die Teilnahme am gemeinsamen Leben der Kirche, die durch die Gnade Gottes ermöglicht wird und die sich in verschiedenen alltäglichen Formen der Gottes- und Nächstenliebe wie auch der Volksfrömmigkeit äußert.

---

21 Vgl. *ders.*, a.a.O. (s. Anm. 9). Siehe auch: *P. Ribeiro de Oliveira*, Qué significa analíticamente 'pueblo', in: Concilium 196 (1984), 427-429. Oliveira behandelt hier die Frage nach der Bedeutung des Begriffs "Volk" in sozialanalytischer Hinsicht, während L. Boff diese in theologischer Hinsicht beleuchtet. Auf beide Abhandlungen nehme ich Bezug in: 'Peuple' et 'populaire'. Réalité sociale, pratique pastorale et réflexion théologique en Argentine, in: Nouvelle Revue Théologique 108 (1986), 860-877, hier 873-876.

22 Ich lehne mich hier an eine Äußerung Karl Rahners an. Vgl. *ders.*, Natur und Gnade, in: Schriften zur Theologie I, Einsiedeln [5]1961, 323-345.

7.3.3 Die Kritik der römischen Glaubenskongregation an L. Boffs Buch "Kirche: Charisma und Macht"

Aus L. Boffs Buch "Kirche: Charisma und Macht" seien nun einige Punkte herausgegriffen, die bei der Kongregation für die Glaubenslehre auf Kritik stießen.[23] Hier ist nicht der Raum, auf Boffs Verständnis von Dogma und Offenbarung einzugehen, von daher werde ich mich im folgenden lediglich auf die Punkte beziehen, die seinen befreiungsekklesiologischen Ansatz deutlich werden lassen. Anhand der dem Dokument der Glaubenskongregation zugrunde liegenden Paragraphen, die die Frage nach der Struktur der Kirche behandeln, lassen sich, wie mir scheint, bei Boff zwei verschiedene Arten von Aussagen unterscheiden, und zwar zum einen solche, die eher exegetischer Art sind, wie zum Beispiel die folgende: "Die Kirche als Institution war nicht in den Gedanken des historischen Jesus"[24]; und zum anderen Aussagen, die ekklesiologisch die Struktur der Kirche berücksichtigen. Wenn man mit der Kongregation für die Glaubenslehre die Sache so versteht, daß die Hierarchie lediglich das Resultat "der eisernen Notwendigkeit sich zu institutionalisieren" sowie das Ergebnis einer "Verweltlichung" gemäß dem "römischen und feudalen Stil" sei[25], dann läge hier mit Sicherheit eine Relativierung der Kirche und der für sie von Christus gewollten Strukturierung vor. Doch ist dies m.E. hier nicht der Fall. Vielmehr müßten meiner Meinung nach bei Boff zwei verschiedene Sachverhalte unterschieden werden, und zwar einerseits die Anerkennung der Hierarchie (Papsttum, Episkopat, Priestertum) in der Kirche, die er nicht leugnet, sondern bestätigt, und andererseits seine Kritik am Stil der gegenwärtigen Ausübung der von ihm als legitim anerkannten Vollmachten. So müßte seine Behauptung also dahingehend verstanden werden, daß heute eine "neue Kirche" entsteht und entstehen muß, "deren Macht nur eine Funktion des Dienstes sein wird."[26] Seine Kritik

23 Vgl. Kongregation für die Glaubenslehre. Notificación sobre el libro Iglesia: Carisma y Poder. Ensayos de eclesiologia militante del P. Leonardo Boff, O.F.M. (vom 11. März 1985), in: L'Osservatore Romano (spanische Ausgabe) 848 (11. Mai 1985), 186.

24 Ebd. (unter Angabe der entsprechenden Seitenzahl der spanischen Ausgabe des hier zur Debatte stehenden Werkes).

25 Ebd.

26 Ebd.

am Stil mag unvorsichtig und vielleicht ungerecht sein, aber sie enthält m.E. in keiner Weise eine Leugnung der wesentlich hierarchischen Struktur der Kirche.

Das weiter oben Gesagte ist vor dem Hintergrund der Auffassung Boffs in bezug auf die Ausübung der Vollmachten in der Kirche zu sehen. Hierbei handelt es sich jedoch nicht nur um geschichtliche Werturteile, sondern auch um die Anwendung einer marxistisch orientierten Gesellschaftsanalyse auf diese Frage. Denn unter der Voraussetzung, daß die Achse der Organisation jeder Gesellschaft in ihrer spezifischen Produktionsweise liegt, wird von Boff behauptet, daß die Aneignung der religiösen und symbolischen Produktionsmittel durch den kirchlichen Klerus zum Nachteil der Laien, insbesondere des einfachen christlichen Volkes geschehen ist. Obwohl man viele Mißbräuche in der Geschichte der Kirche anerkennen muß und es durchaus gerechtfertigt ist, eine geschichtliche und soziale Analyse der menschlichen Aspekte der kirchlichen Institution vorzunehmen, muß die theologische Reflexion eine gesellschaftsanalytische Begrifflichkeit sehr genau prüfen und ggf. läutern, bevor sie diese in einem ekklesiologischen Sinne verwendet, damit nicht der Anschein erweckt wird, hier werde der Geheimnischarakter der Kirche (und zwar der Kirche gerade auch als Institution) angetastet. Ich glaube nun nicht, daß es Boffs Absicht ist, die Sakramente, das Wort Gottes und die Ausübung der Autorität in der Kirche auf das ökonomische Schema "Produktion-Konsum"[27] reduzieren zu wollen. Aber die von ihm verwendete sozio-ökonomische Begrifflichkeit ist m.E. so belastet, daß sich mit ihrer Hilfe die Frage nach der Struktur der Kirche und der Autorität in der Kirche theologisch schwerlich behandeln läßt. Trotzdem ist das Anliegen Boffs zu bejahen, daß die kirchliche Autorität - wie bei Christus - eine dienende und die Kirche immer mehr zu einer wahren Gemeinschaft werden muß, in der alle an der Sendung der ganzen Kirche und am Hervorbringen ihrer Güter und Früchte dem eigenen Charisma gemäß teilnehmen. In diesem Sinne sind das Beispiel der kirchlichen Basisgemeinden und die Art der Ausübung der Autorität in den von ihnen beeinflußten Lokalkirchen eine Belehrung für die ganze Kirche. Ich erinnere

27 Ebd., vgl. dazu den Vorwurf der Glaubenskongregation. Als Beispiel der Verwendung dieser Begrifflichkeit durch L. Boffsiehe das hier kommentierte Buch (s. Anm. 6), 124-163.

mich an die Worte Kardinal Lohrscheiders bei der Eröffnung der "Misereor-Aktion" in München vor einigen Jahren, als dieser die neue Gestalt des Bischofs in Brasilien beschrieb. Vor dem Hintergrund des Gesagten stellt sich die Frage nach dem Prophetismus in der Kirche. Ich bin mit der Glaubenskongregation der Meinung[28], daß die Hierarchie nicht nur die Aufgabe hat, die Ausübung dieses und anderer Charismen in Harmonie zu ordnen, sondern auch und vor allem deren Echtheit zu prüfen hat. Eine solche Behauptung leugnet nun aber nicht, daß der Prophetismus für die Kirche, obwohl unbequem, so doch unentbehrlich ist; und ebensowenig leugnet eine solche Behauptung, daß der Prophetismus im Licht des Evangeliums auch die Hierarchie kritisieren kann und dies gegebenenfalls sogar muß.

Für eine Zusammenfassung möchte ich mich wieder einmal auf den Kern der befreiungstheologischen Ekklesiologie beziehen. Die von Ignacio Ellacuría bezeichneten "Armen im Geiste" (d.h. die Armen, die auch arm im Geiste sind) können als theologischer Ort der Ekklesiologie der Befreiung betrachtet werden.[29] Darüber hinaus ist die Welt der Armen im ganzen als ein hermeneutischer Ort dieser Ekklesiologie zu betrachten, da die Solidarität der Kirche mit den Armen und ihre vorrangige Option für die Armen den "hermeneutischen Schlüssel" für eine befreiungstheologisch-ekklesiologische Reflexion darstellt. So kann die Ekklesiologie dazu beitragen, daß die Kirche der Armen in Lateinamerika mehr und mehr an Gestalt gewinnt und so zu einer neuen und von Gott geschenkten Weise, Kirche Christi zu sein, werden kann.

7.4 Zur befreiungstheologischen Anthropologie

In Anlehnung an Josef Comblins "Theologische Anthropologie"[30] möchte ich nun kurz auf einige Elemente der befreiungstheologischen Anthropologie zu sprechen kommen. Ich will mich

---

28 Vgl. a.a.O. (s. Anm. 23).

29 J. Sobrino bezieht sich auf diesen Ausdruck Ellacurías z.B. in: Compañeros de Jesús, Santander 1989, 11. Vgl. *ders.*, Liberación con espíritu. Apuntes para una nueva espiritualidad, Santander 1985 (in deutscher Übersetzung: Geist, der befreit. Anstöße zu einer neuen Spiritualität, a.a.O. (s. Kap. 1, Anm. 19).

30 Vgl. *J. Comblin*, Das Bild vom Menschen, Düsseldorf 1987, (vgl. den Titel der portugiesischen und spanischen Ausgabe: Christliche Anthropologie).

dabei vor allem auf solche Merkmale beziehen, die mit der ekklesiologischen Reflexion der Befreiungstheologie zusammenhängen.

7.4.1 Der "neue Mensch" als hermeneutischer Ort einer theologisch-anthropologischen Reflexion

Hier ist zunächst auf den hermeneutischen Ort der theologisch-anthropologischen Reflexion zu verweisen. Dieser ist der "neue Mensch", der trotz der Sünde durch die Kraft des Geistes vor allem unter den Armen und in den kirchlichen Basisgemeinden Lateinamerikas entsteht.[31] Denn hier läßt sich sowohl Gottes vorrangige Liebe zu den Armen erfahren als auch deren Verwandlung zu neuen Menschen dank des Wirkens des Heiligen Geistes. Trotzdem wurden gerade sie oft als Nicht-Menschen behandelt.[32] Durch das oben genannte Geschehen werden jedoch nicht nur die Armen, sondern alle Menschen aufgerufen, in Gemeinschaft mit den von Gott bevorzugten Armen neue Menschen in Christus zu werden. Obwohl dieses neue Menschsein vor allem theologisch zu verstehen ist, muß es auch ethisch und geschichtlich begriffen werden. Denn das neue Menschsein sowohl der Armen als auch derjenigen, die dazu berufen sind, sich den Armen zuzuwenden, dieses neue Menschsein trägt immer auch ethische und sozialgeschichtliche Züge wie es auch stets ethisch-politische und sozio-geschichtliche Forderungen impliziert. Demzufolge werden durch Gottes vorrangige Liebe zu den Armen diejenigen verurteilt und zur Umkehr herausgefordert, die ihre ethisch-geschichtliche Bekehrung zu den Armen hin existentiell oder sozio-strukturell ablehnen.

---

31 Vgl. a.a.O., Kap. 1.

32 Nach Gutiérrez ist der Gesprächspartner der Befreiungstheologie nicht so sehr der mündige Mensch als vielmehr der "Nicht-Mensch", die "Nicht-Person", d.h. jene, die in der gegenwärtigen sozialen Ordnung nicht als Menschen betrachtet werden: ausgebeutete Klassen, marginalisierte Rassen, verachtete Kulturen. Vgl. *ders.*, La fuerza histórica de los pobres, Lima 1980, 353f (in deutscher Übersetzung: Die historische Macht der Armen, Mainz 1984).

7.4.2 Vom Humanismus des Ichs zum Humanismus der Wir-Gemeinschaft

Die Erfahrung des im armen und glaubenden Volk, insbesondere in den Basisgemeinden Lateinamerikas im Werden begriffenen "neuen Menschen" und die damit verbundene neue evangelisierende und befreiende Praxis bilden die Grundlage für einen neuen Humanismus, dessen Neuheit für Lateinamerika darin besteht, die theologischen und ethisch-anthropologischen Dimensionen mit den kulturgeschichtlichen und soziostrukturellen Dimensionen zu verbinden. Und so handelt es sich hierbei dann auch nicht nur um einen Humanismus des Ichs oder des anderen Menschen, sondern auch und vor allem um einen Humanismus der Wir-Gemeinschaft des einfachen Volkes.[33] Und weil dieser neue Humanismus in der christlichen Erfahrung und Praxis der Armen gründet, handelt es sich hierbei um einen realistischen Humanismus, der die Leiblichkeit, die Arbeit, die Gemeinschaft, die Geschichte, die soziale Lage, die Tätigkeit und die Kultur des Volkes ernst nimmt, ja vielleicht sogar ernsthafter und ausdrücklicher betont als dies andere Humanismen der abendländischen Geschichte tun.[34]

7.4.3 Möglichkeiten und Grenzen der Verwirklichung

Im Licht des Neuen des im Werden begriffenen neuen Menschen und damit einhergehend des neuen Humanismus, dieses Neuen, das durch die Kraft des Geistes in Lateinamerika entsteht, müssen die zweideutigen geschichtlichen Kräfte, die die Armen für ihre Befreiung zwar brauchen, aber nicht kontrollieren, geistig-geistlich differenziert und durchdrungen werden.[35] Denn die neue Menschheit, die trotz mancher Zweideutigkeit unter den Armen entsteht, kann sich ohne diese Kräfte (soziale, politische, gewerkschaftliche, wissenschaftliche, technische und ideologische Kräfte) in der Welt nicht durchsetzen. Die Armen

---

33 Vgl. meinen Aufsatz: Hacia una antropología del 'nosotros', in: CIAS 30 (1987). Hier unterscheide ich den Humanismus des "Wir" nicht nur von dem des "Ich", sondern auch vom "Humanismus des anderen Menschen" (vgl. *E. Lévinas*, Humanisme de l'autre homme, Montpellier 1972).

34 Vgl. *J. Comblin*, a.a.O. (s. Anm. 30).

35 Ebd., Kap. 5. Siehe auch: *P. Trigo*, Creación e historia en el proceso de liberación, Madrid 1988, Kap. 5.

allein können die Welt nicht verändern, aber sie können diesen zweideutigen Kräften Legitimität und Authentizität verleihen, indem sie diese in den Dienst der Gerechtigkeit und der allumfassenden Befreiung des unterdrückten Volkes stellen. Und doch kann eine neue Gesellschaft des solidarischen Miteinanders und also eine Gemeinschaft der Liebe nicht allein durch die Kraft der genannten geschichtlichen Faktoren entstehen. Vielmehr braucht sie vor allem eine Grundbewegung des Volkes als eines aktiven Subjekts, die nicht durch dieses allein, sondern auch durch den Ruf und durch die Gabe des in der Geschichte wirkenden Geistes Gottes bewirkt wird. Nur so kann eine echte soziale Neuheit entstehen, wenngleich auch diese immer nur eine ambivalente, vorläufige und teilweise Verwirklichung des neuen Menschen und der neuen Menschheit sein kann, insofern sie das Reich Gottes, das Christus vor allem den Armen versprach, antizipierend darstellt und verbürgt.

8. Theologische Ansätze zur Begründung einer Ethik in der lateinamerikanischen Befreiungstheologie

Es gibt in der Befreiungstheologie im Bereich der Moraltheologie gegenwärtig kein vergleichbar wichtiges Werk wie in anderen theologischen Disziplinen, das als Modell für eine befreiungstheologische Begründung einer Ethik herangezogen werden könnte. Die Werke Dussels[1] sind eher philosophischer Art und das neue Buch von B. Leers und A. Moser "Moraltheologie. Engpässe und Auswege"[2] stellt lediglich einen ersten Versuch dar, eine Moraltheologie aus dem Gesichtspunkt der Theologie der Befreiung zu entwickeln. Auf der anderen Seite jedoch kann man vielleicht mit Mary C. Morkovsky sagen, daß "die Befreiungsethik nicht etwa ein Zweig der Befreiungstheologie", sondern "das alles beherrschende Thema ist"[3], oder noch besser, daß diese die alles durchdringende Atmosphäre der Befreiungstheologie darstellt. Und so lassen sich dann auch in mehreren Werken der Befreiungstheologie, die die Christologie, die Ekklesiologie oder die Gotteslehre behandeln, sehr wohl bedeutende Beiträge zur Begründung einer Ethik finden. Darüber hinaus stellt die grundlegende Glaubenserfahrung der Befreiungstheologie, die Glaubenserfahrung der Armen also wie auch die auf diese antwortende vorrangige Option für die Armen ein wichtiges Potential möglicher moraltheologischer Überlegungen dar. Hierauf soll nun im folgenden näher eingegangen werden.

---

1 Vgl. *E. Dussel*, Para una ética de la liberación latinoamericana I-II, Buenos Aires 1973; III, México 1977; IV-V Bogotá 179-80; *ders.*, Praxis latinoamericana y filosofía de la liberación, Bogotá 1983; *ders.*, Filosofia de la producción, Bogotá 1984; *ders.*, Herrschaft und Befreiung. Ansatz, Stationen und Themen einer lateinamerikanischen Theologie der Befreiung, Freiburg (Schweiz) 1984; *ders.*, Ethik der Gemeinschaft, Düsseldorf 1987.

2 Vgl. *B. Leers, A. Moser*, Moraltheologie. Engpässe und Auswege, Düsseldorf 1988.

3 Vgl. *M. G. Morkovsky*, Bibliografía sobre ética de la liberación, in: Concilium 192 (1984), 323-329, hier 323.

8.1 Die grundlegende Glaubenserfahrung der Befreiungstheologie

Ich wies darauf hin, daß Gutiérrez und mit ihm im Grunde genommen alle Vertreter der Befreiungstheologie, die Theologie der Befreiung als einen zweiten, reflexiven, theologischen Akt auffassen, der einen ersten, vorreflexiven, praktischen Akt voraussetzt. Dieser praktische Akt ist die im Glauben getroffene vorrangige Option für die Armen wie auch der Armen füreinander.[4] Und wie bereits gesagt, schließt dieser erste Akt ein kontemplatives und ein praktisches Moment ein. Gemeint sind die Erfahrung Christi im Glauben der Armen - das kontemplative Moment - und die auf diese Erfahrung und ethische Herausforderung antwortende Praxis der Befreiung - das praktische Moment. Die Befreiungstheologie als ein zweiter Akt reflektiert aus dieser Option und Praxis heraus, über diese und auf diese hin. Die oben genannten Erfahrungen wie auch Option und Praxis sind sowohl theologischer als auch ethischer und geschichtlicher Art, d.h. sie umfassen drei verschiedene praktische Dimensionen, nämlich die Dimension des Glaubens, die ethische Dimension und die geschichtlich-soziale Dimension. Dementsprechend bedient sich die befreiungstheologische Reflexion nicht nur der streng theologischen, sondern ebenso der philosophischen wie auch der human- und sozialwissenschaftlichen Vermittlung, um die soziale Lage und Praxis im Licht des Gotteswortes kritisch auszudeuten. Und demgemäß sind die dieser Deutung entsprechenden Strategien der Befreiung dann auch nicht nur moral- und pastoraltheologischer, sondern ebenso ethisch-politischer und humanwissenschaftlicher Art. Überdies betont die Befreiungstheologie, daß das Subjekt des ersten Aktes, das heißt der Befreiungspraxis, das arme und glaubende, sich organisierende Volk selbst ist,[5] das in den kirchlichen Basisgemeinden dann auch zum Subjekt des zweiten Aktes, das heißt der Volkstheologie der Befreiung wird. Der Berufstheologe leistet der theologischen Weisheit des Volkes den kritischen, methodischen und systematischen Dienst der Theologie als Wissenschaft. Diese kurze Charakterisierung der Befreiungs-

---

4 Siehe das erste Kapitel der vorliegenden Studie. Vgl. *C. Boff, J. Pixley*, Die Option für die Armen, Düsseldorf 1984, insbes. Kap. 4 (dieses trägt die Überschrift: Solidarität mit den Armen. Grundlage der biblischen Ethik).

5 Vgl. *B. Leers, A. Moser*, Teología moral. Conflictos y alternativas, Madrid 1987, 83ff. Siehe auch die deutsche Übersetzung: a.a.O. (s. Anm. 2).

theologie weist auf eine mögliche Begründung einer befreiungstheologischen Ethik hin, und zwar weist sie hin: (1) auf das ethische Moment sowohl der geschichtlichen Glaubenserfahrung der Armen (wobei der Genitiv hier sowohl als Genitivus objectivus wie auch als Genitivus subjectivus zu verstehen ist!) als auch der solidarischen Option für die Armen und der damit einhergehenden Befreiungspraxis; (2) auf das moraltheologische, befreiungsethische und ethisch-politische Moment der theologischen Reflexion, die aus dieser Praxis heraus, über diese und auf diese hin vorgenommen wird; (3) auf das gemeinschaftliche, ethisch-geschichtliche Subjekt nicht nur des Ethos der Befreiung, sondern der volkstheologischen befreiungsethischen Reflexion.

8.2 Trinitarische, christologische und ekklesiologische Ansätze zur Begründung einer Ethik im befreiungstheologischen Kontext

Eine Eigenart der Theologie der Befreiung besteht darin, daß sie die Zeichen der Zeit als Gegenstand und Ort der theologischen Reflexion so ernst nimmt, daß sie diese Zeichen in die theologische Reflexion einbezieht. Wenn sie also zum Beispiel über Gott, Christus, die Kirche, den neuen Menschen usw. reflektiert, untersucht sie nicht nur das, was Schrift und Tradition darüber sagen, sondern auch und zunächst, wo und wie diese Glaubensgegenstände sich heute in Lateinamerika kundtun, wo und wie sie im Glauben erfahrbar werden, wenngleich ein solches Kundtun nur im Licht des Wortes Gottes und durch die Kraft des Glaubens vernommen werden kann. Dies ist nun auch im Blick auf das christliche Tun als dem Gegenstand der Moraltheologie zu fordern. Auch hier gilt es, nicht nur Schrift und Tradition zu befragen, sondern auch und vor allem der Frage nachzugehen, wo und wie sich christliches Tun heutzutage in Lateinamerika - zum Beispiel in den kirchlichen Basisgemeinden und im Rahmen einer christlichen Befreiungspraxis - ereignet und im Glauben erfahrbar wird. Von daher ist also gerade die Praxis Quelle, Gegenstand, Ort, Ziel und Verifikationskriterium der moraltheologischen Reflexion. Als ein christliches Tun jedoch wird sie im Licht des Wortes Gottes von anderen Praxisformen unterschieden, obwohl sie ihrerseits auch zu einem neuen Verständnis des Wortes Gottes und des christlichen Tuns beiträgt. Mit Recht weist der spanische Moraltheologe Marciano

Vidal darauf hin, daß sich der Inhalt einer theologischen Befreiungsethik in einer christlichen Orthopraxis konkretisieren muß, ist sie doch der eigentliche Prüfstein für die Stimmigkeit des Christentums.[6] Fragt man nun danach, worin die christlich befreiende Authentizität dieser Praxis liegt, so verweist die Befreiungstheologie hier - so Vidal - auf das Evangelium, auf den Glauben an Jesus Christus wie auch auf Jesu eigene Praxis und auf die Nachfolge Jesu als Grundlage dieser Authentizität. Hier wird also eine Glaubensgrundlage aufgezeigt, die der Struktur der im ersten Abschnitt behandelten Glaubenserfahrung der Armen und der Option für die Armen entspricht. Eine christologische, trinitarische und ekklesiologische Auslegung dieses streng theologischen Ansatzes zur Begründung einer theologischen Befreiungsethik findet sich zum Beispiel bei Jon Sobrino. Innerhalb seiner Christologie und Ekklesiologie bietet er wichtige fundamentalethische Gesichtspunkte zur Begründung einer befreiungstheologisch ausgerichteten Moraltheologie. Wenn Sobrino von christlicher Fundamentalethik spricht, meint er damit das, was die theologische Ethik als eine christliche begründet und ihr einen christlichen Sinn gibt.[7] Es ist ihm also weder darum zu tun, deren Grundlage in einer natürlichen Ethik zu suchen, noch irgendeine philosophische Ethik (christlich) zu "taufen." Grund moralischer Prinzipien, Kriterien und Aufgaben einer christlichen Ethik ist für ihn der Jesus der Geschichte. Sobrino betont jedoch ausdrücklich, daß er im Vergleich zu einer natürlichen Ethik weder nach eventuellen neuen, zusätzlichen Inhalten einer christlichen Ethik noch nach der historischen oder logischen Beschaffenheit dessen, was hieran möglicherweise neu

---

6 Vgl. *M. Vidal*, Läßt sich die Autonomie als Moralgrundlage mit der Befreiungsethik vereinbaren? Der notwendige Dialog zwischen "Autonomie" und "Befreiung", in: Concilium 20 (1984), 154-159. Vidal ist im spanischen Sprachbereich nicht zuletzt durch sein wichtiges Werk bekannt: Moral de actitudes (3 Bd.), Madrid 1974-1981. Siehe auch seinen Artikel: La preferencia por el pobre, criterio de moral, in: Studia moralia 20 (1982), 277-304; *J. Lois*, Liberación (Teología de), in: Diccionario enciclopédico de teologia moral, Madrid 1978; *F. Moreno-Rejón*, Teología moral desde los pobres. Planteamientos morales de la teología latinoamericana, Madrid 1986.

7 Vgl. *Sobrino*, Cdal, 81-108, *ders.*, JeAL, 224f, 223f, 233f, 209f. Siehe auch: *B. Leers, A. Moser*, a.a.O. (s. Anm. 2), 91f; *E. Dussel*, Ethik der Gemeinschaft, a.a.O. (s. Anm. 1), Kap. 20.

und zusätzlich ist, fragen will. Vielmehr ist es ihm lediglich darum zu tun, auf den ursprünglichen Kern der christlich-ethischen Erfahrung zu verweisen, insofern diese in Jesus Christus gründet.[8] Sobrino zielt auf die Überwindung eines bloß ethischen Verständnisses des Christentums und des christlichen Tuns, wenn er über die Nachfolge Jesu als einer grundlegenden moralischen Forderung oder über die Erkenntnis des Willens Gottes durch den historischen Jesus spricht, deren Struktur die unseres ethischen Unterscheidungsurteils entsprechen muß.[9] Denn Nachfolge meint gerade nicht buchstäbliche Nachahmung. Und so geht es hier laut Sobrino nicht nur um die Ermittlung der bloßen Rationalität der Schöpfung oder ihrer innewohnenden Ethizität, denn sonst hätte weder Jesus es unternommen, die Geister geschichtlich zu unterscheiden, noch wäre dergleichen von uns gefordert. Die Struktur dieser Erkenntnis des Willens Gottes wie auch die des ihr zugrundeliegenden hermeneutischen Zirkels ist für Sobrino trinitarisch.[10] Denn es geht hier ja nicht um den Willen einer beliebigen Gottheit, sondern um den des Vaters Jesu Christi, der als ein Gott der Liebe und der Barmherzigkeit sein Reich den Armen und Sündern verheißen hat und schenken will. Das ethische Bonum bzw. das schon jetzt anzustrebende und zu verwirklichende Ziel besteht dann also darin, Gottes Reich für alle - vornehmlich jedoch für die Armen - anbrechen zu lassen. Denn um es noch einmal zu betonen: Es geht um den Gott Jesu Christi wie auch um dessen Reich, wie es durch den historischen Jesus verkündigt wurde und von der Kirche weiter verkündigt werden muß. Nur derjenige also, der Jesus in seiner Praxis der Liebe und Barmherzigkeit, in seiner Vorliebe für die Armen und Marginalisierten wie auch in seiner historischen Praxis einer gesamtmenschlichen Befreiung nachzufolgen beginnt und bereit ist, ihm bis ans Kreuz nachzufolgen, nur derjenige wird es vermögen, den Vater Jesu und den Willen des Vaters durch die Kraft des Geistes richtig zu erkennen und den Geist Jesu Christi von beliebigen anderen Geistern zu unterscheiden. Die Nachfolge Christi hat nicht nur fundamental-ethischen, sondern auch erkenntnistheologischen Charakter. Nur in Jesus Christus und nur dadurch, daß wir in seine Nachfolge

8 Vgl. *Sobrino*, Cdal, 82.
9 Vgl. *Sobrino*, JeAL, 209-221.
10 Ebd. 211.

eintreten, können wir theologisch erkennen, wer Gott und wer der Mensch ist und worin Gottes Wille und das volle menschliche Ethos bestehen. Eine solche christologische und trinitarische Grundlegung der christlichen Ethik ist auch ekklesiologisch. Denn das Subjekt der Nachfolge im Geiste Jesu und der entsprechenden theologischen und moraltheologischen Erkenntnis ist nicht nur der einzelne, sondern die Kirchengemeinschaft, wie sie als eine Kirche der Armen vornehmlich in den kirchlichen Basisgemeinden Lateinamerikas erlebt wird, insofern sich diese in die Gemeinschaft der ganzen Kirche eingebunden wissen.[11]

Diese streng theologische Begründung einer christlichen Ethik hängt bei Sobrino mit dem Verständnis der Theologie (und wie ich meine auch der Moraltheologie) als "intellectus misericordiae" zusammen. Denn die in der Schrift sich offenbarende Barmherzigkeit Gottes und Jesu in bezug auf die Leidenden, die Armen und die Sünder vermag auf eine wirksame Art und Weise das Äußerste und Eigentliche Gottes, Jesu Christi und auch des Menschen zu zeigen.[12] Und so meint Barmherzigkeit hier auch mehr als Gerechtigkeit. Was jene von dieser unterscheidet, ist ein gewisser Überschuß an Sinn und göttlichem Logos, so daß sie von daher eine theologische Ethik zu begründen vermag, die über jede bloß praktische Vernunft hinausgeht, ohne diese jedoch aufzuheben; vielmehr schließt diese Art einer theologischen Ethik die praktische Vernunft ein; sie wird von ihr respektiert, geläutert und durchformt. Nach Sobrino ist eine solche Barmherzigkeit so voraussetzungslos und unbedingt und so ungeschuldet, daß es außer ihrem eigenen praktischen Vollzug nichts gibt, was sie von außen her begründen oder fordern könnte. Von nichts anderem also als vom Sinn und Logos der Liebe ist hier die Rede und damit von einer Vernünftigkeit des Glaubens, die die bloß menschliche, praktische

---

11 Vgl. *J. Sobrino*, Resurrección de la verdadera Iglesia, Santander 1981, Kap. 4; *ders.*, Geist, der befreit, a.a.O. (s. Kap. 1, Anm. 19).

12 Vgl. *J. Sobrino*, La teología en un mundo sufriente. La teología de la liberación como 'intellectus amoris', in: Revista Latinoamericana de Teología 5 (1988), 243-266; *ders.*, Hacer teología en América Latina, in: Theologica Xaveriana 39 (1988), 139-156. Siehe dazu auch meinen Aufsatz: Aportes de la teología de la liberación a una teología de la caridad, in: Constructores del amor en América Latina, Bogotá 1990, 210-232.

Vernunft einschließt, vervollkommnet und zur Erfüllung bringt. Mit einem trinitarischen Verständnis der Barmherzigkeit vermag sich die oben bereits erwähnte fundamentalethische Relevanz der Vorliebe für die Armen dann auch am ehesten zu verbinden. Diese Art der Parteinahme, einer Parteinahme aus Barmherzigkeit, und damit einhergehend die solidarische Verpflichtung zur Armut in der Nachfolge Jesu, das Los der Verfolgung bis zum Kreuz und der entsprechende Geist der Seligpreisungen Jesu, all dies ist einer rein menschlichen Vernunft oft als Ärgernis und Torheit erschienen. Und doch gibt all dies Zeugnis von dem Gott, der die Liebe ist, einer Liebe, auf der sich im Letzten auch die christliche Ethik und die Nachfolge Jesu gründet und die es ermöglicht, den Gekreuzigten und Auferstandenen als die Weisheit Gottes anzuerkennen.

8.3 Befreiungstheologische Begründung der Ethik und "autonome Moral im christlichen Kontext"

1984 erschien ein wichtiges Heft der Zeitschrift "Concilium", das die Frage nach dem Zusammenhang von Befreiungsethik und autonomer Moral zum Thema hatte. Die Artikel von M. Vidal und D. Mieth verdienen hier eine besondere Erwähnung.[13] Denn die Bereitschaft dieser Autoren, vom Ansatz der Befreiungstheologie lernen zu wollen, ist ehrlich und groß. Ihre Kritik ist differenziert und wohlwollend und kann von daher herangezogen werden, um auf gewisse Schwächen bei der Begründung einer befreiungstheologischen Ethik hinzuweisen. Vidal vertritt den Standpunkt einer "theonomen Autonomie" der Moral, d.h. einer "Autonomie der Moral im christlichen Kontext."[14] Seiner Meinung nach ist das Fehlen einer ausdrücklichen, kritischen und systematischen moraltheologischen Reflexion auf seiten der Befreiungstheologie auf den von seiten der theologischen Ethik zukommenden verworrenen epistemologischen Status zurückzuführen. Da nämlich die besondere Funktion der

---

13 Vgl. *M. Vidal*, a.a.O., (s. Anm. 6); *D. Mieth*, Autonomía o liberación: dos modelos de ética cristiana?, in: Concilium 192 (1984), 297-309.

14 Vgl. *M. Vidal*, a.a.O., (s. Anm. 6), 184. Zur autonomen Moral bei A. Auer u.a. und zur daran sich anschließenden Diskussion siehe den bibliographischen Beitrag von *A. Bandolfi*: Autonomía y 'moral autónoma'. Investigaciones en torno de una palabra clave, in: Concilium 192 (1984), 311-321.

theologischen Ethik von der Theologie der Befreiung als Ganzer übernommen wurde, ist eine Diversifikation des moraltheologischen Wissens als solchem eher verhindert worden. Vidal spricht darum auch von einer diskursiven Schwäche der Befreiungsethik. Meines Erachtens trifft dieser Vorwurf hier zumindest insoweit zu, als die unentbehrliche Vermittlung des philosophischen Moments bei der Begründung einer befreiungstheologischen Ethik nicht genügend berücksichtigt wird. Hierauf verweist auch D. Mieth, wenn er über den gemeinsamen Lernprozeß von autonomer Ethik und Befreiungsethik schreibt: "Daher mißtraut ein Ethos der Autonomie der Unmittelbarkeit zwischen der aus der Kontrasterfahrung des Glaubens stammenden Diagnose der Sünde einerseits und dem praktischen gesellschaftlichen Handeln andererseits. Es beharrt darauf, daß das Kriterium der sittlichen Vernunft zwischen den Impuls des Glaubens und die Tat tritt. Gewiß ist dieses Kriterium mißbrauchbar im unaufhebbaren Zusammenhang von Erkenntnis und Interesse, aber es wird dadurch nicht überflüssig."[15] Meiner Meinung nach ist die Kritik hinsichtlich des Fehlens einer ausdrücklichen philosophischen Vermittlung bei der Begründung einer befreiungstheologischen Ethik gerechtfertigt. Nichtsdestoweniger ist die Begrifflichkeit, auf die hier einige Kritiker zurückgreifen, weder dem ethisch-rationalen Moment der befreiungstheologischen Grunderfahrung noch einer philosophischen Befreiungsethik angemessen. Ich werde nun auf drei Vorschläge für eine Ergänzung von autonomer Moral und befreiungstheologischer Ethik zu sprechen kommen.

(1) Im Sinne der autonomen Ethik unterscheidet Vidal[16] zwischen der Substantialität der ethischen Rationalität einerseits und der spezifisch christlichen Bezugnahme andererseits. Infolgedessen stellt für ihn die Autonomie den Text der innerweltlichen Rationalität, die Befreiung hingegen lediglich den christlichen Kontext der eschatologischen Verheißung dar.

(2) Darüber hinaus gewährt für Vidal die Autonomie die Struktur des Menschlichen und damit die für eine Ethik notwendige Voraussetzung, während die Befreiung lediglich den ethisch-religiösen Horizont des christlichen Lebens eröffnet. Von daher wäre die autonome Rationalität für die Ethik das, was

15 Vgl. a.a.O. (s. Anm. 13), 306 (bes. die deutsche Ausgabe, 165).
16 Vgl. a.a.O. (s. Anm. 6), 157.

Karl Rahner den Horizont "kategorialer" Erfahrungen nennt; und demzufolge wäre mit ihr zugleich die hermeneutische Einbettung der konkreten Normen dargeboten; der religiöse Glaubenshorizont hingegen würde sich auf das beschränken, was von Rahner als "transzendentaler"[17] Erfahrungshorizont bezeichnet wird und was die christlichen Bezugspunkte in ihren axiologischen Relevanzen ausmacht.

(3) Demzufolge unterscheidet Vidal zwischen der innerweltlichen ethischen Rationalität (Autonomie, Säkularität und Pluralismus der geschichtlichen Vermittlungen) einerseits und den religiösen Symbolen mit ethischem Gehalt (Gottesreich, Hoffnung, Verheißung, Christi Gegenwart im Armen usw.) - die in der Befreiungstheologie eine große Rolle spielen - andererseits.

Solche Unterscheidungen - gemeint sind die Unterscheidungen: Substantialität und Bezugnahme, Text und Kontext, Struktur des Menschlichen und Horizont des Christlichen, ethische innerweltliche Rationalität und religiöse Symbolik mit ethischem Gehalt - spiegeln für Vidal den spezifischen Beitrag der autonomen Moral bzw. der befreiungstheologischen Ethik wider. Meiner Meinung nach wird der zweite Terminus des jeweiligen Binoms hier jedoch durchgängig verkürzt dargestellt. Die Befreiungstheologie wird wohl kaum jemals die Meinung vertreten, daß sich das Christliche bei der Begründung einer theologischen Ethik lediglich auf den Kontext, auf die Bezugnahme oder die Bezugspunkte, auf den transzendentalen Horizont oder allein auf die religiöse Symbolik beschränkt. Denn auch dem Christlichen geht es um den Text und um die Substantialität der Ethik wie auch um die hermeneutische Einbettung der konkreten Normen und um die innere ethische Vernünftigkeit der christlichen Symbolik. Doch muß man wohl zugestehen, daß umgekehrt die Befreiungstheologie ihre eigene philosophische, praktisch-vernünftige Vermittlung nicht genügend reflektiert hat. Ja, sie hat bislang nicht einmal die bedeutenden Beiträge der philosophischen Befreiungsethik hinreichend in ihre theologische Reflexion einbezogen. Nun sind die philoso-

17 Zu dem im Text erwähnten Begriffspaar siehe *L.B. Puntel*, Zu den Begriffen "transzendental" und "kategorial" bei Karl Rahner, in: H. Vorgrimler (Hg.), Wagnis Theologie. Erfahrungen mit der Theologie Karl Rahners, Freiburg-Basel-Wien 1979, 189-198.

phischen und befreiungsethischen Versuche von E.Dussel, C.Cullen, mir selbst und anderen weniger durch Kant respektive die Rezeption Kants durch die katholische Moraltheologie als vielmehr durch andere Gedanken inspiriert, nicht zuletzt durch den jüdischen Philosophen E.Lévinas wie auch, was mich selbst und einige andere betrifft, durch P.Ricoeur und R.Kusch.

Auf die Begründung einer Ethik bei Lévinas wie auch auf deren Rezeption durch die lateinamerikanische Befreiungsphilosophie möchte ich im folgenden nun näher eingehen.[18] Obwohl Lévinas das Erbe Kants als unverzichtbar anerkennt, geht es ihm in seinem Denken nicht um die Autonomie der Freiheit, ja nicht einmal mehr um eine theonome Autonomie, sondern eher um eine Autonomie stiftende Heteronomie, wobei er Heteronomie anders als Kant versteht. Denn erst durch die ethische Herausforderung des Anderen (héteros) in seiner Andersheit - und dies gilt im besonderen für den Armen, den Fremden, den Waisen, die Witwe - wird das Ich von seinem spontanen Egoismus zur echten Autonomie befreit. Von daher betont Lévinas, daß das Ich immer zuerst im Akkusativ und dann erst im Nominativ erscheint.[19] Denn mein wirkliches, ethisches, vom Egoismus befreites Ich wird als verantwortliche Antwort auf den lautlosen Ruf des anderen Mitmenschen als solchen verstanden, der von mir nicht nur Respekt und Anerkennung fordert, sondern zugleich auch Umkehr, Gerechtigkeit und Verantwortlichkeit für den Anderen von mir verlangt, wie auch dies, dem Anderen zu dienen. Diese Antwort lautet: "Me voici!", "Ich bin da!", wobei das Französische an dieser Stelle besser zum Ausdruck zu bringen vermag, daß ein Ich-Sagen hier nur im Akkusativ wirklich ist und eine deutsche Übertragung von daher eigentlich lauten müßte: "Sieh mich hier!." Das erste ethische Wort kommt also vom Anderen her, oder anders gesagt: das erste ethische Wort kommt "vom Antlitz zum Antlitz."[20] Diese ethische

18 Zur Rezeption E. Lévinas in Lateinamerika siehe *P. Sudar*, El rostro del pobre, Buenos Aires 1981, 157-200; *U. Vázquez-Moro*, El discurso sobre Dios en la obra de Lévinas, Madrid 1982, 50-54.

19 Vgl. *E. Lévinas*, Dieu et la philosophie, in: Le Nouveau Commerce 30-31 (1973), 121 u. 116 (auch veröffentlicht in: *ders.*, De Dieu qui vient à l'Idée, Paris 1982; in deutscher Übersetzung: Wenn Gott ins Denken einfällt, Freiburg i.Br. 1985.

20 Zum Begriff "vom Antlitz zum Antlitz" siehe *E. Lévinas*, Totalité et infini. Essai sur l'extériorité, La Haye 1961.

Andersheit wird nun aber vor allem im Armen erfahren; ethische Andersheit und Transzendenz treten hier insofern unverstellt zutage, als diese sich hier nicht mit heteronomen Beweggründen vermischen. Die Autonomie der Freiheit muß von jeder Heteronomie im Sinne Kants befreit werden. Das geschieht durch die ethische Infragestellung durch den Anderen, die, eben weil sie eine ethische ist, keine bedingende Heteronomie stiftet, sondern die Freiheit zum rechtschaffenen Selbst (autós) befreit.

Mit Hilfe einer streng philosophischen, das heißt phänomenologischen Methode stellt Lévinas die biblische Erfahrung des Anderen, insbesondere die des Armen dar und begründet vor diesem Hintergrund die Ethik als Metaphysik. Die lateinamerikanische Rezeption der Philosophie Lévinas' interpretiert den Armen nun aber nicht nur individuell, sondern auch gemeinschaftlich, nicht nur metaphysisch, sondern auch geschichtlich, nicht nur ethisch, sondern auch ethisch-kulturell und ethisch-politisch.[21] Die zweite Person, von der die ethische Herausforderung ausgeht, wird hier nicht nur als ein individuelles "Du", sondern auch mehrheitlich als "Ihr" erfahren und begriffen. Dementsprechend wird das Subjekt des Befreiungsethos und der Befreiungspraxis, die dieser Herausforderung entspringt, hier als ein ethisch-geschichtliches Wir, als ein gemeinschaftliches Subjekt und also als Volk vorgestellt. Doch bezeichnet dieses Wir hier nicht etwa eine Summe mehrerer einzelner Ich's oder ein kollektives Ich, sondern gemeint ist hier vielmehr ein ethisch-geschichtliches Wir, das den ethischen personalen Bezug des "Antlitzes zum Antlitz" prinzipiell einschließt und einschließen soll.[22]

Die lateinamerikanische Befreiungsphilosophie fand bei Lévinas wichtige Ansätze zur Begründung einer Ethik, die einerseits streng philosophisch begründet und andererseits durch die biblische Erfahrung des Nächsten und Armen angeregt worden waren. Aus diesem Grunde und auf Grund ihrer befreiungs-

---

21 Zu diesem Sachverhalt siehe mein Buch: Teología de la liberación y praxis popular, Salamanca 1976, insbes. Kap. 6,7 und 8. Vgl. auch die oben zitierten Werke E. Dussels (s. Anm. 1) wie auch: *C. Cullen*, Fenomenología de la crisis moral, S. Antonio de Padua 1978, *ders.*, Reflexiones desde América III, Rosario 1987.

22 Vgl. meinen Aufsatz: Filosofía primera e intersubjetividad, in: Stromata 42 (1986), 367-386, insbes. 370-377.

philosophischen Verarbeitung könnte eine solche Begrifflichkeit leicht auch in der Moraltheologie der Befreiung Verwendung finden. Meines Erachtens ließe sich auf diese Weise deren Mangel an philosophischer Vermittlung beheben, auf den wohlwollende Kritiker, wie z.B. Vidal oder Mieth, hingewiesen haben.

Die Theologie der Befreiung begründet ihre Ethik streng theologisch. Im Hinblick auf die Begründung einer Befreiungsethik nimmt sie nicht nur den Glauben, sondern auch die heutige Glaubenserfahrung des lateinamerikanischen Gottesvolkes ernst. Dabei knüpft sie sowohl im transzendentalen wie auch im kategorialen Bereich am spezifisch Christlichen an. Denn im Bereich der von Rahner so bezeichneten transzendentalen Erfahrung bezieht sie sich auf die göttlichen Tugenden: Glaube, Hoffnung (wobei hier ein Hoffen wider jedes Hoffen gemeint ist) und Liebe, die sich im kategorialen Bereich gemäß dem Geist der Seligpreisungen Jesu in der barmherzigen Parteinahme für die Armen und in der Nachfolge Jesu bis zum Kreuz und in solidarischer Verpflichtung zur Armut darstellen. Im Christlichen findet sich das Gottmenschliche ebenso zum Ausdruck gebracht wie das Tiefmenschliche, denn Jesus Christus ist wahrer Gott und wahrer Mensch auf ungetrennte und unvermischte Weise. Trotz und dank des Überschusses der ungeschuldeten Selbstmitteilung Gottes werden das Menschliche und das Ethische am Menschen und seiner Freiheit nicht nur in ihrer Eigenständigkeit respektiert, vielmehr werden das Menschliche und das Ethische dank dieses Überschusses überhaupt erst freigesetzt. In diesem Sinne ist die theonome Autonomie der Ethik voll anzuerkennen, da sie als autonome Eigengesetzlichkeit der praktischen Vernunft verstanden wird. Eine solche Autonomie jedoch wird uns von den Anderen als solchen[23] - insbesondere von den Armen - gegeben, in denen und durch die die absolute ethische Transzendenz Gottes sich kundtut und schenkt. Dieses befreiungsphilosophische Moment der Begründung einer Ethik schließt deren befreiungstheologische Begründung nun aber keineswegs aus, sondern entspricht dieser im Gegenteil von

23 Zum Verhältnis zwischen ethischer Autonomie (Kant), ethischer Kommunikationsgemeinschaft (Apel) und ethischer Andersheit des anderen Menschen (Lévinas) siehe meinen Aufsatz: Racionalidad ética, comunidad de comunicación y alteridad, in: Stromata 43 (1987), 393-397.

innen her, ohne daß die Dimensionen der praktischen Vernunft und des Glaubens dabei vermischt werden. Die Moraltheologie der Befreiung kann den ihr vorgeworfenen Mangel an philosophischer Vermittlung also durchaus beheben, insofern sie es unternimmt, den Beitrag der philosophischen Befreiungsethik zu rezipieren, ohne dabei auf ihre eigenen theologischen Ansätze zur Begründung einer Ethik zu verzichten. Darüber hinaus wird es ihr durch die Vermittlung der praktischen Philosophie auch eher möglich sein, den interdisziplinären Dialog mit der Hermeneutik der lateinamerikanischen Kultur und mit den Human- und Sozialwissenschaften aufzunehmen, um so eine theologische Ethik der konkreten lateinamerikanischen Befreiung entwickeln zu können. Von Anfang an wurde in der Befreiungstheologie darauf hingewiesen, daß man der Human- und Sozialwissenschaften bedarf, um die soziale Lage und Praxis Lateinamerikas im Licht des Glaubens kritisch reflektieren zu können und aus dieser Reflexion heraus nicht nur den Glauben und das christliche Tun neu zu interpretieren, sondern im Hinblick auf eine menschlichere und gerechtere Gestaltung dieser Lage auch praktische Befreiungsstrategien entwickeln zu können. Gerade für diesen letzten Zweck ist die Vermittlung der praktischen Vernunft unentbehrlich, insofern die christliche barmherzige Nächstenliebe in die Tat umgesetzt und mit Hilfe der praktischen Human- und Sozialwissenschaften geschichtlich wirksam werden soll.[24]

Die streng theologische Begründung einer Ethik durch die Theologie der Befreiung ist zunächst einmal als deren Verdienst zu betrachten, doch kann nicht geleugnet werden, daß mit ihr auch eine gewisse Vernachlässigung der praktischen Vernunft einherging. Meiner Meinung nach kann dieser Mangel dadurch behoben werden, daß die Theologie der Befreiung sich bereit findet, den Beitrag der Befreiungsphilosophie zur Begründung einer Ethik zu rezipieren und in ihre theologische Reflexion einzubeziehen. Dies wird ihr auch den interdisziplinären Dialog mit den Human- und Sozialwissenschaften erleichtern, den zu

24 Vgl. meinen Aufsatz: Mediaciones teóricas y prácticas de la doctrina social de le Iglesia, in: Stromata 45 (1989), 75-96. Gegenstand dieses Aufsatzes sind die Vermittlungen der praktischen Vernunft und die Soziallehre der Kirche. Diese Reflexionen wurden im Gespräch mit der Befreiungstheologie aufgeworfen.

führen bedeutet, der eigenen Entstehung und Zielsetzung treu zu bleiben. Denn es geht hier nicht nur darum, eine christliche Ethik zu begründen, sondern auch und vor allem darum, diese in die geschichtliche Praxis umzusetzen.

9. Die Zukunft der Befreiungstheologie

Nach der Zukunft der Theologie der Befreiung zu fragen, kann zumindest zweierlei bedeuten, und zwar erstens, daß wir nach einer Prognose fragen, das heißt, daß wir folgende oder ähnliche Fragen stellen: Wie wird die Befreiungstheologie in der näheren oder entfernteren Zukunft aussehen? Wird sie in absehbarer Zeit von der Mehrheit der Christen bzw. der Theologen in Lateinamerika und in der ganzen Welt übernommen werden? Oder wird die Zukunft eher ihren Gegnern gehören? Nach der Zukunft der Theologie der Befreiung zu fragen, kann zweitens aber auch bedeuten, nach den Aufgaben zu fragen, die von ihr bislang noch nicht hinreichend bearbeitet wurden und darum künftig verstärkt in Angriff zu nehmen sind. Zum Beispiel: Welche sozialen, pastoralen oder theologischen Sachverhalte muß sie ihrer Methode gemäß noch weiter und sorgfältiger untersuchen? Wo gilt es künftig selbstkritischer zu sein? Und vor allem: Wo ist sie in Zukunft gefordert, wenn es darum geht, für die Armen Partei zu ergreifen und auf eine entsprechende Umgestaltung der lateinamerikanischen Gesellschaft hinzuwirken? Und worin kann und sollte künftig ihr spezifischer Beitrag für die Kirche im ganzen bestehen?

Da ich weder Prophet bin, noch Futurologie betreiben will, ziehe ich es vor, die Zukunft der Befreiungstheologie nicht im Sinne einer Prognose, sondern als Herausforderung und Aufgabe zu begreifen. Und so werde ich mich in meiner Antwort dann auch nicht auf die Beschreibung der künftigen Existenz oder des voraussehbaren Erfolges oder Mißerfolges der Befreiungstheologie beschränken, vielmehr werde ich vor allem versuchen, auf wünschenswerte Beiträge der Theologie der Befreiung für Gesellschaft und Kirche hinzuweisen. Im folgenden werde ich also auf mehrere, derzeit noch offenstehende Aufgaben der Befreiungstheologie zu sprechen kommen.

9.1 Erste Aufgabe: Das Volk als Subjekt fördern

Die Befreiungstheologie als zweiter Akt setzt einen ersten Akt voraus, nämlich die Glaubenserfahrung Christi in den Armen und die auf diese Erfahrung antwortende vorrangige Option für die Armen. Erst dann deutet, prüft und würdigt die Theologie als ein zweiter und reflexiver Akt die Erfahrung und Option im Licht des Wortes Gottes. Ich habe mehrfach betont, daß das Subjekt dieser Erfahrung und Option nicht nur und nicht primär die Nicht-Armen sind, die sich für die Armen engagieren, sondern Subjekt dieser Erfahrung und Option hier vor allem das arme und glaubende Volk selbst ist, deren Mitglieder Jesus Christus inmitten ihrer Gemeinschaft als gegenwärtig erfahren und als Volk und Gemeinschaft vorrangig füreinander optieren. Darüber hinaus wurde gesagt, daß das arme und gläubige Volk nicht nur Subjekt des ersten Aktes, das heißt der christlichen geschichtlichen Befreiungspraxis, sondern ebenfalls Subjekt des zweiten, des theologischen Aktes ist. Es ist Subjekt der Volkstheologie der Befreiung.

In dieser oft wiederholten allgemeinen Charakterisierung der Befreiungstheologie steckt implizit die sowohl ihr als auch einer durch sie inspirierten befreienden Pastoral gestellten Aufgabe, das Volk mehr und mehr selbst zu Wort kommen zu lassen. Die Aufgabe der akademischen Theologie ist es dann, dem Volk und seiner inkulturierten Glaubensweisheit den Dienst der wissenschaftlichen Kritik, Deutung und Systematisierung zu leisten. Hier liegt m.E. die Zukunft der Befreiungstheologie, insofern sie den Armen und sich selbst treu bleiben will. Auf diese Weise wird sie auch dazu beitragen, daß das Volk als Subjekt[1] nicht nur Gehör bei der Theologie und den anderen Wissenschaften findet, sondern auch mehr und mehr aktiv am Leben der Kirche und der Gesellschaft teilnehmen kann.

9.2 Innertheologische Aufgaben

Laut Sobrino hat die Befreiungstheologie die Zeichen Gottes in der heutigen Zeit - als Gegenstand und Ort ihrer theologischen

1 Zur Selbstbefreiungspraxis der Armen in Lateinamerika vgl. u.a. *C. Boff, J. Pixley*, Die Option für die Armen, Düsseldorf 1987, Kap. 11.

Reflexion - in die Ekklesiologie einzubeziehen vermocht.[2] Doch ist die spezifische Gotteserfahrung des Armen und die damit einhergehende neuerliche Entstehung der Kirche der Armen nun nicht nur im Bereich der Ekklesiologie oder der theologischen Anthropologie zu reflektieren, sondern auch in allen anderen theologischen Disziplinen zum Gegenstand der Reflexion zu machen. Auf diese Weise erfahren die theologischen Disziplinen dann eine Erweiterung ihrer Perspektive. Nichtsdestoweniger besteht für die Ekklesiologie und die theologische Anthropologie auch weiterhin die Aufgabe, sich in allen ihren Inhalten durch jene neu gewonnene Perspektive bestimmen zu lassen, damit das bereits Begonnene fortgeführt werden kann. Bei genauerer Betrachtung zeigt sich also, daß durch die Befreiungstheologie nicht nur der eine oder andere Bereich der Theologie, sondern die Theologie im ganzen herausgefordert ist. Was die Ekklesiologie und die Christologie betrifft, so stimme ich mit P. Hünermann darin überein, daß durch den Einfluß der Befreiungstheologie in beiden Bereichen ein neues und bislang noch unbearbeitetes Kapitel aufgeschlagen werden konnte.[3] Die Ekklesiologie sieht sich erneut vor die Aufgabe gestellt, die heute tatsächlich existierende Kirche als Volk Gottes begreifen zu lernen, das die sakramentale Anwesenheit Christi innerhalb eines wechselnden sozialen, politischen, ökonomischen und kulturellen Kontextes öffentlich darstellt und darstellen muß. Es geht also um die Frage, wie die Gegenwart Christi und seine Botschaft angesichts der jeweiligen geschichtlichen Lage heutzutage durch das Volk Gottes öffentlich bezeugt werde und bezeugt werden müsse. Die Theologie der Befreiung versucht für Lateinamerika hierauf eine Antwort zu finden. Derzeit fehlt es aber immer noch an einer systematischen Verarbeitung dieses neuen Befundes. Denn notwendig sind nicht nur pastorale oder

---

2 Vgl. *J. Sobrino*, Resurrección de la verdadera Iglesia. Los pobres lugar teológico de la eclesiología, Santander 1981, 14-19, 106-114, 156-173 und anderswo; *ders.*, Hacer teología en América Latina, in: Theologica Xaveriana 39 (1989). 139-156, insb. 140-144.

3 Vgl. *P. Hünermann*, Statement zur Entwicklung der Theologie der Befreiung, Mainz 1989 (unveröffentlichtes Manuskript). Dieses Statement wurde auf einer Tagung vorgelegt, die von der deutschen Arbeitsgruppe des Projekts "Katholische Soziallehre in Lateinamerika. Ein Dialogprogramm mit lateinamerikanischen Partnern" im Jahre 1989 in Mainz durchgeführt wurde.

soziopastorale Reflexionen, notwendig ist vielmehr auch ein neues Kapitel einer systematischen Ekklesiologie, das sich seinerseits dann wieder auf die gesamte Ekklesiologie auswirken muß. Laut Hünermann muß es darum gehen, das vom Konzil in Lumen Gentium und Gaudium et Spes Dargestellte systematisch und konkret-geschichtlich zu entfalten. Meines Erachtens würden auf diese Weise sowohl die Spiritualität des einen Gottesvolkes als auch die soziale Sendung der Kirche ins Zentrum der ekklesiologischen Reflexion rücken können, und zwar deshalb, weil es hier zum einen, was die Spiritualität des einen Gottesvolkes betrifft, um die im Glauben gemachte, geistige Erfahrung, Kirche Christi zu sein, geht (wie dies in den kirchlichen Basisgemeinden, in Laienbewegungen und in der Volkspastoral beobachtet werden kann) und zum anderen, was die soziale Sendung der Kirche betrifft, um die öffentliche Bezeugung Christi durch das Gottesvolk, die angesichts einer bestimmten und sozialen kulturellen Lage, wie zum Beispiel in Lateinamerika, glaubwürdig zu leisten ist. Im Bereich der Christologie würde jenem neuen Kapitel dann eine ähnliche Funktion zukommen, insofern es die heutige Gegenwart Christi im Heiligen Geist und dessen gegenwärtiges Wirken in Kirche und Gesellschaft systematisch zu reflektieren unternimmt.[4] Innerhalb der Christologie wäre dann also nicht nur über Jesu Leben, Tod und Auferstehung und über das christologische Bekenntnis zur Einheit von Gott und Mensch in Jesus Christus zu sprechen, sondern darüber hinaus auch das Geheimnis seiner Gegenwart und das Wirken Jesu Christi heute durch die Kraft des Heiligen Geistes zur Sprache zu bringen. Nach Sobrino hängt die Einbeziehung des heutigen geschichtlichen Wirkens Christi in die Christologie mit der Betonung der christologischen Bedeutung des geschichtlichen, irdischen Jesus zusammen. Und beides kann die Lehre von der Menschwerdung Gottes in einem neuen Licht erstrahlen lassen.[5] Doch sind durch die Befreiungstheologie nicht nur die Ekklesiologie und die Christologie herausgefordert, vielmehr erstreckt sich deren Herausforderung auf die gesamte Theologie und auf alle theologischen Fächer. Um ein Beispiel zu geben, greife ich hier

4 Vgl. *P. Hünermann*, a.a.O. (s. Anm. 3).

5 Siehe die Behandlung der christologischen Werke Sobrinos Cdal und JeAL im sechsten Kapitel der vorliegenden Studie.

die Trinitätslehre heraus. Meine Frage lautet: Könnte nicht der von Sobrino als "trinitarisch" bezeichnete hermeneutische Zirkel der Befreiungstheologie die Grundlage und den Standpunkt bieten, um die Trinitätslehre erneut systematisch zu durchdringen und zu gestalten?[6] Denn sowohl die oben erwähnte Glaubenserfahrung der Armen und unter den Armen als auch der befreiungstheologische Prozeß der Auslegung der geschichtlichen Situation im Licht der Schrift und umgekehrt der Schrift im Licht der Situation können trinitarisch gedeutet werden. So tut sich auch heute der dreieinige Gott kund, wenngleich diese neue Offenbarung seines Geheimnisses und seines Willens nur im Licht der in Christus bereits endgültig geschehenen Offenbarung ausgelegt werden kann. Der oben erwähnte hermeneutische Zirkel ist trinitarisch, weil nur durch die Kraft des Heiligen Geistes Jesus Christus in den Armen erkannt und diesen das Reich Gottes des Vaters verkündigt werden kann. Nur in der Nachfolge Jesu und im Nachvollziehen seiner vorrangigen Option für die Armen läßt sich der Geist Christi von anderen Geistern unterscheiden und der Vater Jesu richtig erkennen. Denn der Gott der Liebe und der Barmherzigkeit teilt sich nur durch Jesus Christus mit, der in seiner Kirche und in der Geschichte - vor allem in den Armen - weiterlebt und leidet und durch die Kraft des Geistes als sakramentale Antizipation der Ankunft des Reiches Gottes erscheint.

Somit stellt sich also für die Befreiungstheologie die Aufgabe, nicht nur sich selbst als "intellectus amoris" und "intellectus misericordiae" (des dreieinen Gottes für die Armen) zu verstehen, wie J. Sobrino dies tut[7], vielmehr muß sie darüber hinaus aus diesem Verständnis heraus die gesamte Theologie -

---

6 Vgl. *J. Sobrino*, Cdal, XVIII. Zur trinitarischen Struktur der christlichen Unterscheidung der Geister siehe auch: *ders.*, JeAL, 210ff. Trinitarische Ansätze finden sich aber auch in christologisch, ekklesiologisch und methodologisch ausgerichteten befreiungstheologischen Werken; vgl. z.B. den trinitarischen Aufbau des Buches von *G. Gutiérrez*: Aus der eigenen Quelle trinken, a.a.O. (s. Kap. O, Anm.13), der der trinitarischen Struktur der Befreiungsspiritualität entspricht.

7 So explizit in seinem Aufsatz: Teología en un mundo sufriente. La teología de la liberación como intellectus amoris, in: Revista Latinoamericana de Teología 5 (1988), 243-266 sowie in *ders.*, a.a.O. (s. Anm. 2, das an zweiter Stelle genannte Werk), 145-150.

nicht zuletzt die Trinitätslehre - systematisch neu entwicklen und in den Dienst einer allumfassenden Befreiung der Armen stellen.

9.3 Interdisziplinäre Arbeit

Ein weiteres wichtiges Kennzeichen der Befreiungstheologie besteht darin, daß sie sich nicht nur der herkömmlichen Vermittlung der Philosophie bedienen will, sondern ebenso der Human- und Sozialwissenschaften.[8] In einer konsequenten Fortsetzung dieses Programms liegt m.E. eine weitere wesentliche Aufgabe für die Theologie der Befreiung wie auch eine fruchtbare Zukunft. Denn dieses methodologische Programm wurde nicht immer und nicht von allen Befreiungstheologen hinreichend beachtet und durchgeführt. Unentbehrliche Voraussetzung für dieses Programm ist der interdisziplinäre Dialog, der methodische und sachliche Schwierigkeiten besonderer Art mit sich bringt. Mit diesem Dialog kann die Theologie der Befreiung der katholischen Soziallehre - insbesondere der Lehre der Lokalkirchen - einen bedeutenden Beitrag leisten, da die geschichtliche, sehr komplexe soziale und kulturelle Realität im Licht des Glaubens und mit Hilfe einer Gesellschafts- und Kulturanalyse zu erfassen versucht wird. Auf diese Weise kann in bezug auf die reale Lage eine konkrete Diagnose erstellt und können im weiteren dann auch konkrete befreiende Strategien der Humanität entwickelt werden, die sowohl theologisch und ethisch verantwortbar als auch geschichtlich wirksam sein müssen. In bezug auf die historische Konkretion und die geschichtliche Praxis gibt es immer noch Vieles und Dringendes zu tun, dies zu leisten ohne die Einbeziehung der empirischen Human- und Sozialwissenschaften jedoch kaum möglich sein wird. Zunächst hatte die Theologie der Befreiung sich auf die sozialwissenschaftlichen Dependenztheorien[9] bezogen, die später jedoch in eine Krise geraten sind. Nicht selten fehlte es an

---

8 Vgl. meine Aufsätze: Sozialanalyse und Theologie der Befreiung, in: Zeitschrift für Missionswissenschaft und Religionswissenschaft 69 (1985), 259-280 (mit weiteren Literaturangaben) sowie: Teología e interdisciplinariedad: presencia del saber teológico en el ámbito de las ciencias, in: Theologica Xaveriana 94 (1990), 63-79.

9 Vgl. *G. Gutiérrez*, TdB, 77-84.

konkreten Analysen der jeweils sich ändernden Situation.[10] Es genügt eben nicht, sich nur auf allgemeine sozialwissenschaftliche Begriffe zu berufen oder lediglich die kapitalistische Klassengesellschaft zu verwerfen. Es fehlt uns noch immer eine entwikkelte Theorie des christlichen Handelns und eine zureichendere Ethik der Institutionen und Strukturen wie auch eine erneuerte Staatstheorie. Darin liegt auch eine Herausforderung für die Befreiungsphilosophie. Was den bislang noch kaum realisierten interdisziplinären Dialog betrifft, so möchte ich daran erinnern, daß ich bereits mehrfach auf die gegenseitige notwendige Ergänzung und Befruchtung der sozialkritischen und der ethisch-kulturellen Strömungen der Befreiungstheologie hingewiesen habe. Im Rahmen eines solchen Dialogs müßten also auch die Geschichtswissenschaften, die Kulturwissenschaften, die Erziehungswissenschaften und die Kommunikationswissenschaften eine Rolle spielen. Auf diese Weise läßt sich die Gesellschaftsanalyse konkreter fassen und lassen sich im weiteren dann Strategien der Befreiung entwickeln, die dem christlichen Menschenbild und der Würde und Freiheit des Menschen entsprechen und doch auch politisch und technisch wirksam sind. Auch darin stimme ich mit P. Hünermann überein, daß die bisher erschienenen Werke der Reihe "Bibliothek Theologie der Befreiung" von der Hilfe einer konkreten Gesellschaftsanalyse nicht genügend, wenn nicht gar überhaupt keinen Gebrauch machen, auch wenn sie sich mit geschichtlichen und praktischen Gegenständen beschäftigen.[11] Eine solche Kritik will das Verdienst dieser Werke gewiß nicht leugnen. Aber sie will eindringlich darauf hinweisen, daß es der Theologie der Befreiung wie auch der Theologie im ganzen künftig verstärkt darum zu tun sein muß, interdisziplinär zu arbeiten. Mit dieser wie auch mit der im zweiten Punkt erwähnten Aufgabe ist zugleich eine theologische Begrifflichkeit gefordert, die sowohl geschichtlich, inkulturiert und praxisbezogen als auch systematisch beschaffen sein

---

10 Vgl. *F. Castillo*, Theologie der Befreiung und Sozialwissenschaften. Bemerkungen zu einer kritischen Bilanz ihrer Beziehungen zur Dependenztheorie, in: E.Schillebeeckx (Hg.), Mystik und Theorie. Theologie im Ringen von Geschichte und Gesellschaft. Johann Baptist Metz zu Ehren, Mainz 1988, 143-151.

11 Vgl. *P. Hünermann*, a.a.O. (s. Anm. 3). Diese Auffassung wird auch von F. Castillo vertreten. Vgl. *ders.*, a.a.O. (s. Anm. 10), 148.

muß, an der es bislang allerdings noch mangelt. Die Philosophie der Befreiung in ihren verschiedenen Richtungen könnte zur Entwicklung einer solchen Begrifflichkeit sicher vieles beitragen. Bisher habe ich auf verschiedene künftige Aufgaben der Befreiungstheologie anhand einer eher allgemeinen Charakterisierung dieser Theologie hingewiesen. Um das Gesagte zu vertiefen, möchte ich im folgenden nun an ihre bisherige Geschichte anknüpfen. Denn nach einer schnellen Rezeption mehrerer Inhalte und Gesichtspunkte der Befreiungstheologie durch bedeutende Teile des Volkes Gottes in Lateinamerika und durch das Lehramt - genannt seien: Medellin, die Synoden von 1971 und 1974 und teilweise auch das apostolische Schreiben Evangelii Nuntiandi und die Generalversammlung der lateinamerikanischen Bischöfe in Puebla - wuchs die Auseinandersetzung mit der Theologie der Befreiung innerhalb der Kirche, die bereits mit Evangelii Nuntiandi und Puebla begonnen hatte und schließlich zu den beiden Instruktionen der Kongregation für die Glaubenslehre führte. Von diesen ist die erste in ihrer Kritik schärfer, während die zweite die Theologie der Befreiung insgesamt positiver beurteilt: beide müssen zusammen gelesen werden. Die erste vermochte gegebenenfalls zur selbstkritischen Besinnung anzuregen. Die zweite stellt eine Art Summe der Glaubenslehre über Freiheit und Befreiung dar, die imstande ist, der Theologie der Befreiung neue Anregungen zu erteilen. Als Fazit dieser oft schmerzhaften Entwicklung und Unterscheidung der Geister können vielleicht die Worte Papst Johannes Pauls II. gelten, mit denen er sich im April 1986 schriftlich an die brasilianische Bischofskonferenz wandte: "Wenn man sich dafür einsetzt, jene gerechten Antworten zu finden, die durchdrungen sein sollen vom Verständnis für den reichen Erfahrungsschatz der Kirche in diesem Land (der Papst spricht hier von Brasilien; es ließe sich vielleicht hinzufügen: und in diesem Subkontinent, J.C.S.), Antworten, die so wirksam und konstruktiv wie möglich sein sollen, und gleichzeitig im Einklang und sich deckend mit den Lehren des Evangeliums, der lebendigen Tradition und des beständigen Lehramtes der Kirche, dann sind wir davon überzeugt, wir und Sie, daß die Theologie der Befreiung nicht nur opportun ist, sondern nützlich und notwendig. Sie soll eine neue Etappe - in enger Verbindung mit den vorausgegangenen - jener theologischen Reflexion sein, die mit der apostolischen

Überlieferung begann, sich mit den großen Kirchenvätern und Kirchenlehrern fortsetzte, mit dem ordentlichen und dem außerordentlichen Lehramt und, in neuerer Zeit, mit dem reichen Schatz der Soziallehre der Kirche. Dies alles kommt in den Dokumenten von Rerum Novarum bis Laborem exercens zum Ausdruck."[12] Heute würde der Papst sicher sagen: von Rerum Novarum bis Centesimus Annus.[13] Es geht also um eine gewaltige Aufgabe wie auch um einen bedeutenden Auftrag, der der Theologie der Befreiung durch den Papst selbst anvertraut wird. Diese Aufgabe zielt unter anderem auf die Anwendung und das "aggiornamento" (ich würde hinzufügen wollen: und die Inkulturation) der katholischen Soziallehre in Lateinamerika.

9.4 Weitere Auseinandersetzungen mit dem Marxismus

Ich sprach eben von einem oft schmerzhaften Weg der Unterscheidung der Geister in bezug auf die Befreiungstheologie. Meines Erachtens ist der kritische Punkt dieses Prozesses die schon im zweiten Kapitel behandelte Verwendung der marxistischen Gesellschaftsanalyse bzw. einiger ihrer Kategorien und methodologischen Gesichtspunkte durch verschiedene Theologien der Befreiung.[14] Meiner Meinung nach hat sich die Sache theoretisch im Grunde genommen geklärt, aber praktisch begegnen auf beiden Seiten oft nach wie vor Argwohn, Mißverständnisse und ungerechte pauschale Urteile und nicht selten auch das Phänomen einer ideologischen Belastung, was die Würdigung der entgegengesetzten Position betrifft. Von daher ist den Verfechtern ebenso wie den Gegnern der Befreiungstheologie künftig nicht nur die Läuterung eventuell ideolo-

---

12 Siehe dazu: Die Herausforderung annehmen. Ein Brief des Papstes an die Brasilianische Bischofskonferenz, in: Herderkorrespondenz 40 (1986), 277-282, hier 280.

13 Ich bin mit der Auffassung von R. Antoncich einverstanden, wonach sich im fünften Kapitel der Enzyklika Sollicitudo Rei Socialis eine kurze päpstliche Theologie der Befreiung finden läßt, die in ihren wesentlichen Zügen mit der lateinamerikanischen übereinstimmt; vgl. das Arbeitspapier: La pobreza como tema del magisterio social de la Iglesia, das Antoncich in San Miguel (Argentinien) im März 1990 vorlag. Siehe auch dazu: Centesimus Annus 26.

14 Darin besteht m.E. der Hauptvorwurf der ersten Instruktion der Kongregation für die Glaubenslehre über einige Aspekte der "Theologie der Befreiung" in bezug auf einige Strömungen dieser Theologie.

gisierter Affekte aufgegeben, vielmehr sind diese ebenso vor die Aufgabe einer entsprechenden Klärung der von ihnen verwendeten Begriffe wie auch einer ausgewogenen und nuancierten Differenzierung der verschiedenen Positionen gestellt. An dieser Stelle lohnt es sich, das theoretische Ergebnis des zweiten Kapitels noch einmal kurz Revue passieren zu lassen. So wird das christliche Denken also - ohne seine Eigenart zu verlieren - wertvolle Beiträge marxistischer Herkunft in seinen eigenen Verständnishorizont übernehmen oder aber möglicherweise feststellen, daß es diese bereits von der allgemeinen Kultur übernommen und entsprechend umgestaltet hat. Einerseits muß die Verwendung der marxistischen Gesellschaftsanalyse und Befreiungsstrategie im ganzen verworfen werden, insofern die ökonomischen Faktoren als die die menschliche Wirklichkeit in letzter Instanz bestimmenden Faktoren und der Klassenkampf als Schlüssel für die Interpretation und die Umgestaltung der Gesellschaft und der Geschichte betrachtet werden. Andererseits können einige Beiträge der marxistischen Tradition aber durchaus auch eine Bereicherung darstellen (wenngleich ihm diese Eigenschaft nicht allein zukommt), vorausgesetzt allerdings, daß sie von jeglicher Verabsolutierung und jeglichem Ausschließlichkeitsanspruch zuvor befreit werden konnten. An bereichernden Beiträgen sind zu nennen: (1) die Ideologiekritik, auch bezüglich religiöser und theologischer Formen; (2) die Anerkennung der wirksamen (obgleich indirekten) Relevanz der richtigen Praxis für eine richtige Theorie, ohne daß dabei die Eigenart und Autonomie der Theorie verkannt wird; (3) eine besondere Aufmerksamkeit für die geschichtlichen Konflikte und den vorhandenen Klassenkampf im Rahmen einer Analyse der Gesellschaft; (4) die sorgfältige und ausgewogene Würdigung der Konditionierung (nicht Determinierung!) von Gesellschaft, Staat, Kultur und Religion durch die ökonomischen Faktoren, die Produktionsverhältnisse und die Produktionsweise; (5) die Behauptung der Priorität der menschlichen Arbeit vor dem Kapital usw. Die künftige Aufgabe besteht nicht in der abstrakten Zustimmung zu diesen oder ähnlichen Gesichtspunkten, sondern in ihrer tatsächlichen Berücksichtigung durch die Theologie und die kirchliche Soziallehre wie auch durch die pastorale und soziale Praxis der Christen.

9.5 Die Perspektive der Armen

Die Zukunft der Theologie der Befreiung und ihre künftige Aufgabe bestehen m.E. besonders in deren Hilfeleistung beim Wachstum und bei einer Vertiefung jenes geschichtlichen Ereignisses, das sie von Anfang an herausforderte und im eigentlichen überhaupt erst hervorrief. Gemeint ist der "Einbruch der Armen in die Gesellschaft, die Kirche und die Theologie"[15] und die damit einhergehende vorrangige Option für die Armen in Kirche und Theologie. Die explizite Rezeption dieser Option durch die gesamte offizielle Kirche bis hin zu ihrer obersten Instanz ist ein Verdienst - wenn auch gewiß nicht ausschließlich - der lateinamerikanischen Theologie der Befreiung.[16] Obwohl die Armen immer in der Kirche - nicht zuletzt in der lateinamerikanischen Kirche - anwesend und tätig waren, ist es ein besonderes Geschenk unseres Herrn Jesus Christus, daß ihre Anwesenheit und wünschenswerte Teilnahme in Kirche und Gesellschaft expliziert und theologisch reflektiert wurde. So wurde denn auch die Herausforderung beider - die der Kirche und die der Gesellschaft - angesichts der ungerechten Strukturierung unseres Zusammenlebens wie auch der Aspekt der diesbezüglich bevorzugten Herausforderung von Kirche und Gesellschaft theologisch begründet. Die Armen wurden nun nicht mehr nur als Gegenstand der Pflege, der Belehrung oder der Seelsorge, sondern als ein geschichtliches, soziales, kulturelles und religiöses Subjekt betrachtet und in ihrer Kultur, in ihrer Frömmigkeit und ihrer Weisheit gewürdigt. Darüber hinaus behauptet die Theologie der Befreiung, daß man in Kirche, Gesellschaft und Theologie die Perspektive der Armen übernehmen muß, wenn man sich in die Welt der Armen inkarnieren und inkulturieren will, damit man

15 Dieses Ereignis wurde von G. Gutiérrez immer wieder hervorgehoben. Vgl. dazu u.a.: Theorie und Erfahrung im Konzept der Theologie der Befreiung, in: J.B. Metz - P. Rottländer, Lateinamerika und Europa - Dialog der Theologen, München-Mainz 1988, 48-60, hier 50.

16 Vgl. z.B.: Papst Johannes Paul II., Weihnachtsbotschaft und Weihnachtsansprache an die Römische Kurie 1984, in: L'Osservatore Romano (span. Ausgabe) 16 (1984), 865-866 bzw. 867-869. Siehe auch: Sollicitudo Rei Socialis 42 sowie: Libertatis Conscientia 68.

so das notwendige Licht zum Sehen erhält.[17] In bezug auf die Lesung und Deutung der Heiligen Schrift aus der Perspektive der Armen findet in Lateinamerika gegenwärtig eine Auseinandersetzung mit dem Projekt "Wort und Leben" statt, einem Evangelisationspapier, das die lateinamerikanische Ordenskonferenz für die Ordensleute (CLAR) verfassen ließ, das jedoch bei einigen lateinamerikanischen Episkopaten, beim CELAM (Lateinamerikanischer Bischofsrat) und in Rom auf Widerspruch stieß.[18] Dieses Projekt hatte sich zum Ziel gesetzt, die Schrift aus der Perspektive der Armen heraus lesen und zu einer solchen Lektüre hinleiten zu wollen. Doch wurde ihm vorgeworfen, die Schrift reduktionistisch und mitunter sogar ideologisch zu deuten. Von daher stellt sich die Aufgabe, diesen Sachverhalt kritisch bzw. selbstkritisch zu klären und darüber hinaus auf den richtigen hermeneutischen Standpunkt hinzuwirken, der gemeint ist, wenn von "der Perspektive und der Optik der Armen" die Rede ist. Meiner Meinung nach können die beiden folgenden Reflexionen dazu beitragen, diese Diskussion zu klären und eventuell zu entideologisieren, damit ein weiterer Schritt in Richtung einer Inkulturation in die Welt der Armen gemacht und zugleich Christus in den Armen treu geblieben werden kann.[19]

(1) Der oben erwähnte Standpunkt oder hermeneutische Ort soll kein ausschließlicher, sondern ein vorrangiger sein. Denn "die Armen" sind einer der bevorzugten strukturellen Wege der ungeschuldeten Selbstmitteilung Gottes und der sakramentalen Ankunft seines Reiches, da sie die vorrangigen Adressaten seiner

---

17 Vgl. z.B.: *G. Gutiérrez* La fuerza histórica de los pobres, Lima 1979, 354-390 und 410-415 (in deutscher Übersetzung: Die historische Macht der Armen, Mainz 1984); *J. Sobrino*, a.a.O. (s. Anm. 7, das zuerst genannte Werk), 244f.

18 Zu diesem Sachverhalt siehe das Pressekommuniqué von CELAM in: Celam 224 (1989), 24f; ferner das gemeinsame Kommuniqué von CELAM und CLAR in: Celam 226 (1989), 57 sowie die Bemerkung der Kongregation für das Eingeweihte Leben über das Projekt "Wort und Leben" in Celam 227 (1989), 577. Siehe auch folgende deutschsprachige Kommentare: Lateinamerika: Streit um ein Evangelisationspapier der Ordenskonferenz, in: HerderKorrespondenz 43 (1989), 206-209; Wenn die Bibel den Armen wieder weggenommen wird, in: Orientierung 53 (1989), 252-256.

19 Zu dieser Frage siehe meinen Aufsatz: La teología de la liberación en la nueva evangelización, in: CIAS 38 (1990), 119-126.

Liebe sind. Nichtsdestoweniger kennt die theologische Reflexion auch andere Wege der Gnade und der Wahrheit Gottes, wie zum Beispiel das Sakrament oder das Lehramt.[20] Theologisch bleibt die Aufgabe nach wie vor offen, diese verschiedenen vorrangigen Wege der Gnade und Wahrheit miteinander in Beziehung zu setzen und zu beschreiben, worin der jeweilige Vorrang besteht. Was das Lehramt betrifft, so steht es diesem zu, den für die Interpretation des Evangeliums eingenommenen Standpunkt authentisch zu prüfen, damit dieser dem Evangelium und der dem Evangelium gemäßen Option für die Armen treu bleibt. In bezug auf die Armen wurde bereits im vorangegangenen Kapitel gesagt, daß die Solidarität mit den Armen den hermeneutischen Schlüssel für eine erneuerte theologische Reflexion bietet.

(2) Der theologische Ort respektive der hermeneutische Standpunkt für die Lektüre der Schrift wird den Armen durch Christus aufgetan, und zwar durch Christus wie er hier und jetzt in den geschichtlichen Armen im Heiligen Geist in verborgener Weise anwesend ist. Von daher ist also die Armut Christi der Ausgangspunkt, um für die richtige Deutung der Schrift sehend zu werden. Es geht also sowohl objektiv (die objektive Gegenwart Christi im Armen für den Glauben) als auch subjektiv (die Gegenwart Christi im Interpreten der Schrift, insofern dieser die Schrift mit einem armen Herzen, in einer Haltung der Solidarität mit den Armen liest) um die durch die Kraft des Geistes heute inkarnierte Armut Christi und nicht etwa um eine Ideologisierung der Armut.

In diesem Zusammenhang sollten wenigstens zwei Gefahren vermieden werden, und zwar zum einen die Gefahr, die Welt der Armen politisch zu reduzieren oder ideologisch zu verabsolutieren, und zum anderen, aus Angst vor der soeben erwähnten Gefahr nicht den Mut zu haben, eine echte evangelische Bekehrung zu den Armen hin zu vollziehen, die auch eine Änderung des Standpunktes einschließt. Doch muß es sich dabei um einen durch die evangelische Metanoia bestimmten Standpunkt handeln. Dieser wird durch den Heiligen Geist geschenkt, obwohl er eine geschichtliche inkulturierte Perspektive einschließt.

Meines Erachtens stellt Jesus Christus uns heute - und zwar nicht nur den Befreiungstheologen, sondern alle Christen und

20 Ich habe dies bereits im siebten Kapitel der vorliegenden Studie in Anlehnung an J. Sobrino gesagt.

die Kirche als solche - vor die Aufgabe, die dem Evangelium gemäße Perspektive der Armen zu übernehmen. Diese muß jedoch geprüft werden, damit eine - obgleich inkulturierte und geschichtlich inkarnierte - Perspektive garantiert werden kann, die dem Evangelium Christi und dem Geist der Seligpreisungen treu bleibt. So werden wir, die lateinamerikanischen Christen, nicht nur versuchen, die lateinamerikanische Gesellschaft der Botschaft Christi gemäß umzugestalten, sondern auch die Kirche in Lateinamerika dem Wunsch Johannes XXIII. entsprechend und den Anweisungen Johannes Pauls II. folgend mehr und mehr zu einer authentischen Kirche der Armen sich entwickeln zu lassen. Wenn das wenigstens teilweise gelingt, ist die Zukunft der Befreiungstheologie gesichert und wird sich diese als fruchtbringend erweisen. Und sie wird so einen neuen Ansporn erhalten, diese praktischen Früchte wieder als den ersten Akt zu nehmen, über den und aus dem heraus sie als der zweite Akt theologisch weiter reflektiert.

Anhang

Literatur

I. Deutschsprachige Buchveröffentlichungen von lateinamerikanischen Befreiungstheologen

Antoncich, R./Munárriz, J.M., Soziallehre der Kirche, Düsseldorf 1988.

Boff, C., Theologie und Praxis. Die erkenntnistheoretischen Grundlagen der Theologie der Befreiung, München-Mainz 1983.

ders., Mit den Füßen am Boden. Theologie aus dem Leben des Volkes, Düsseldorf 1986.

ders., Die Befreiung der Armen. Reflexionen zum Grundanliegen der lateinamerikanischen Befreiungstheologie, Freiburg (Schweiz) 1986.

Boff, C. und *L.*, Wie treibt man Theologie der Befreiung?, Düsseldorf 1986.

Boff, C./Pixley, J., Die Option für die Armen, Düsseldorf 1987.

Boff, L., Erfahrung von Gnade. Entwurf einer Gnadenlehre, Düsseldorf 1978.

ders., Die Neuentdeckung der Kirche. Basisgemeinden in Lateinamerika, Mainz 1980.

ders., Aus dem Tal der Tränen ins gelobte Land. Der Weg der Kirche mit den Unterdrückten, Düsseldorf 1984.

ders., Kirche: Charisma und Macht. Studien zu einer streitbaren Ekklesiologie, Düsseldorf 1985.

ders., Jesus Christus, der Befreier, Freiburg-Basel-Wien 1986.

ders., Der dreieinige Gott, Düsseldorf 1987.

Comblin, J., Das Bild vom Menschen, Düsseldorf 1987.

Dussel, E., Herrschaft und Befreiung. Ansatz, Stationen und Themen einer lateinamerikanischen Theologie der Befreiung, Freiburg (Schweiz) 1984.

ders., Ethik der Gemeinschaft, Düsseldorf 1987.

ders., Die Geschichte der Kirche in Lateinamerika, Mainz 1988.

Galilea, S., Christ werden zur Befreiung. Persönliche Bekehrung und soziale Veränderung, Salzburg 1983.

Gutiérrez, G., Theologie der Befreiung, München-Mainz 1973.
ders., Die historische Macht der Armen, Mainz 1984.
ders., Aus der eigenen Quelle trinken. Spiritualität der Befreiung, München-Mainz 1986.
ders., Von Gott sprechen in Unrecht und Leid. Ijob, München-Mainz 1988.
Gutiérrez, G./Bunge, M./Dussel, E./Zea, L. u.a., Positionen Lateinamerikas (hg. v. R.Fornet-Betancourt), Frankfurt a.M. 1989.
Leers, B./Moser, A., Moraltheologie. Engpäse und Auswege, Düsseldorf 1988.
Libanio, J.B./Lucchetti Bingemer, M.C., Christliche Eschatologie, Düsseldorf 1987.
Lorscheider, A., Impulse aus Lateinamerika, Graz-Wien-Köln 1981.
Míguez-Bonino, J., Theologie im Kontext der Befreiung, Göttingen 1977.
Muñoz, R., Der Gott der Christen, Düsseldorf 1987.
Sobrino, J., Geist, der befreit. Anstöße zu einer Spiritualität, Freiburg 1988.

II. Andere deutschsprachige Buchveröffentlichungen zum Thema

Blatetzky, Sprache des Glaubens in Lateinamerika. Eine Studie zum Selbstverständnis und Methode der "Theologie der Befreiung", Frankfurt am Main 1978.
Biancucci, D., Einführung in die Theologie der Befreiung, München 1987.
Bonning, E., Spiritualität und Befreiung in Lateinamerika, Würzburg 1984.
Bussmann, C. Befreiung durch Jesus? Die Christologie der lateinamerikanischen Befreiungstheologie, München 1980.
Castillo, F. (Hg.), Theologie aus der Praxis des Volkes, München-Mainz 1978.
ders. (Hg.), Die Kirche der Armen in Lateinamerika. Eine theologische Hinführung, Freiburg (Schweiz) 1987.
Castillo, F./Fries, H. u.a., Herausforderung. Die dritte Welt und die Christen Europas, Regensburg 1980.
Eicher, P., Theologie der Befreiung im Gespräch, München 1985.
Frieling, R., Befreiungstheologien. Studien zur Theologie in Lateinamerika, Göttingen 1984.

Fornet-Betancourt, R., Annäherung an Lateinamerika. Die Theologie der Befreiung und die gesellschaftliche Entwicklung Lateinamerikas, Frankfurt am Main 1988.

ders., Philosophie und Theologie der Befreiung, Frankfurt am Main 1987.

Goldstein, H. (Hg.), Befreiungstheologie als Herausforderung, Düsseldorf 1981.

Greinacher, N. Die Kirche der Armen. Zur Theologie der Befreiung, München 1980.

ders. (Hg.), Konflikt um die Theologie der Befreiung. Diskussion und Dokumentation, Zürich-Einsiedeln-Köln 1985.

Höffner, J.Kardinal, Soziallehre der Kirche oder Theologie der Befreiung?, Bonn 1984.

Hofmann, M., Identifikation mit dem Anderen. Theologische Themen und ihr hermeneutischer Ort bei lateinamerikanischen Theologen, Stockholm-Göttingen 1978.

Hofmann, R. (Hg.), Gottesreich und Revolution. Zur Vermengung von Christentum und Marxismus in politischen Theologien der Gegenwart, Münster 1987.

Hünermann, P./Fischer, G.-D.(Hg.), Gott im Aufbruch. Die Provokation der lateinamerikanischen Theologie, Freiburg 1974.

Kessler, H., Reduzierte Erlösung? Zum Erlösungsverständnis der Befreiungstheologie, Freiburg-Basel-Wien 1987.

Kloppenburg, B., Die neue Volkskirche, Aschaffenburg 1981.

ders., Kirche und Befreiung, Aschaffenburg 1975.

Lehmann, K./Internationale Theologenkommission, Theologie der Befreiung, Einsiedeln 1977.

Metz, J.B.(Hg.), Die Theologie der Befreiung: Hoffnung oder Gefahr für die Kirche?, Düsseldorf 1986.

Metz, J.B./Rottländer, P.(Hg.), Lateinamerika und Europa. Dialog der Theologen, München-Mainz 1988.

Prien, H.-J.(Hg.), Lateinamerika: Gesellschaft - Theologie - Kirche, 2 Bd., Göttingen 1981.

Rahner, K.u.a.(Hg.), Befreiende Theologie. Der Beitrag Lateinamerikas zur Theologie der Gegenwart, Stuttgart 1977.

Ratzinger, J.Kardinal, Politik und Erlösung. Zum Verhältnis von Glaube, Rationalität und Irrationalem in der sogenannten Theologie der Befreiung, Opladen 1986.

Roos, L./Vélez-Correa,J.(Hg.), Befreiende Evangelisierung und katholische Soziallehre, Mainz-München 1987.

Rottländer, P.(Hg.), Theologie der Befreiung und Marxismus, Münster 1986.

Schlegelberger, B.u.a., Von Medellin nach Puebla. Gespräche mit lateinamerikanischen Theologen, Düsseldorf 1980.

Schöpfer, H., Lateinamerikanische Befreiungstheologie, Stuttgart 1979.

Schöpfer, H./Stehle, E.(Hg.), Kontinent der Hoffnung. Beiträge und Berichte zu Puebla, München-Mainz 1979.

Seibel, W.(Hg.), Daß Gott den Schrei seines Volkes hört. Die Herausforderung der lateinamerikanischen Befreiungstheologie, Freiburg-Basel-Wien 1978.

Sievernich, M., Gott und die Armen. Über die Theologie der Befreiung, Leutesdorf 1986.

ders., (Hg.), Impulse der Befreiungstheologie für Europa. Ein Lesebuch, München-Mainz 1988.

Zwiefelhofer, H., Bericht zur Theologie der Befreiung, München-Mainz 1974.

III. Deutschsprachige Aufsätze des Verfassers zur Theologie oder Philosophie der Befreiung

Scannone, J.C., "Theologie der Befreiung in Lateinamerika", in: Orientierung 37 (1973) 2-5.

ders., Die Dialektik von Herr und Knecht. Ontologische Reflexionen zur Praxis der Befreiung, in: P. Hünermann/G.-D. Fischer, Gott im Aufbruch. Die Provokation der lateinamerikanischen Theologie, Freiburg-Basel-Wien 1974, 119-167.

ders., Die Theologie der Befreiung: evangeliumsgemäß oder ideologisch?, in: Concilium 10 (1974) 228-232.

ders., Volkspoesie und Theologie. Der Beitrag des 'Martín Fierro' zu einer Theologie der Befreiung, in: Concilium 12 (1976) 295-300.

ders., Das Theorie-Praxis-Verhältnis in der Theologie der Befreiung, in: K.Rahner u.a., (Hg.), Befreiende Theologie. Der Beitrag Lateinamerikas zur Theologie der Gegenwart, Stuttgart 1977, 77-96.

ders., Volksreligion, Volksweisheit, Volkstheologie, in: *K.Rahner* (Hg.), Volksreligion - Religion des Volkes, Stuttgart 1979, 82-98.

ders., Theologie und Volksweisheit in Lateinamerika, in: Orientierung 44 (1980) 152-157.

ders., Ein neuer Ansatz in der Philosohie Lateinamerikas, in: Philosophisches Jahrbuch 89 (1982) 99-115.
ders., Volksreligiosität, Volksweisheit und Philosophie, in: Theologische Quartalschrift 164 (1984) 203-214.
ders., Weisheit des Volkes und spekulatives Denken, in: Theologie und Philosophie 60 (1985) 161-187.
ders., Sozialanalyse und Theologie der Befreiung, in: Zeitschrift für Missionswissenschaft und Religionswissenschaft 69 (1985) 259-280.
ders., Theologie der Befreiung. Charakterisierung, Strömungen, Etappen, in: K.-H. Neufeld (Hg.), Probleme und Perspektiven Dogmatischer Theologie, Düsseldorf 1986, 401-439.
ders., Instrumente der kirchlichen Soziallehre in Lateinamerika, in: *L.Roos/J.Vélez-Correa(Hg.)*, Befreiende Evangelisierung und katholische Soziallehre, Mainz-München 1987, 83-100.
ders., Volksreligiosität, Volksweisheit und Volkstheologie, in: Internationale katholische Zeitschrift Communio 16 (1987) 396-408.
ders., Die Rolle des Volkskatholizismus in Lateinamerika, in: *J.B.Metz/P.Rottländer(Hg.)*, Lateinamerika und Europa. Dialog der Theologen, München-Mainz 1988, 61-74.
ders., Theologie, Philosophie und Inkulturation in Lateinamerika, in: *G.Gutiérrez* u.a., Positionen Lateinamerikas, Frankfurt (Main) 1989, 78-93.
ders., Begegnung der Kulturen und inkulturierte Philosophie in Lateinamerika, in: Theologie und Philosophie 66 (1991), 365-383.
ders., Soziallehre der Kirche, Sozialwissenschaften und Ideologien, in: Theologische Quartalschrift 171 (1991), 96-107.
ders., Kulturelles Mestizentum, Volkskatholizismus und Synkretismus in Lateinamerika, in: *H.P.Siller(Hg.)*, Suchbewegungen. Synkretismus zwischen kultureller Identität und kirchlichem Bekenntnis, Darmstadt 1991.

IV. Andere Buchveröffentlichungen auf spanisch und portugiesisch (in Auswahl)[1]

Assmann, H., Teologiá desde la praxis de liberación, Salamanca 1973.
Barros, M. de-Caravias, J.L., Teología de la tierra, Madrid 1988.
Boasso, F., Qué es la pastoral popular?, Buenos Aires 1974.
Boff, C., Comunidade Eclesial-Comunidade Política. Ensaios de Eclesiologia Política, Petrópolis 1978.
ders., Sinais dos Tempos (Princípios de Leitura), Sao Paulo 1979.
Boff L. e C., Da Libertacao. O teológico das libertacoes sóciohistóricas, Petrópolis 1979.
Boff, L., Teología del Cautiverio y de la liberación, Madrid 1978.
ders., Jesucristo y la liberación del hombre, Madrid 1981.
ders., ...Y la Iglesia se hizo pueblo. "Eclesiogénesis": la Iglesia que nace de la fe del pueblo, Santander 1986.
Comblin, J., El Espíritu Santo y la liberación, Madrid 1987.
Dussel, E., Caminos de liberación latinoamericana 2 Bd., Buenos Aires 1972.
ders., Para una ética de la liberación latinoamericana I-II, Buenos Aires 1973; III, México 1977; IV-V, Bogotá 1979-1980.
ders., Método para una filosofía de la liberación. Superación analéctica de la filosofia hegeliana, Salamanca 1974.
ders., Filosofía de la producción, Bogotá 1984.
Echagaray, H., La praxis de Jesús, Lima 1980.
ders., Fe cristiana y cambio social en América Latina. Encuentro de El Escorial 1972, Salamanca 1973.
Gera, L. u.a., Teología, pastoral y dependencia, Buenos Aires 1974.
Gutiérrez G., La verdad os hará libres: confrontaciones, Lima 1986.
ders., El Dios de la vida, Lima 1989.
ders., Teología de la liberación. Perspectivas. Con una nueva introducción Mirar lejos, (überprüfte und korrigierte) 7. Auflage, Lima 1990.
Libanio, J.B., Teologia da libertacao. Roteiro didático para um estudo, Sao Paulo 1987.
Liberación: diálogos en el CELAM, Bogotá 1974.

---

1 Eine gute Bibliographie ist zu finden in: *P.Rangel*, Teologia da libertacao. Juízo Crítico e Busca de Caminhos, Belo Horizonte 1988, 281-332. Darüber hinaus sind die in der Reihe "Teologia e Libertacao" (Petrópolis bzw. Sao Paulo, Madrid, Buenos Aires; auf deutsch: Düsseldorf) erschienenen Werke zu erwähnen.

Muñoz, R., La Iglesia en el pueblo. Hacia una eclesiología latinoamericana, Lima 1983.

Scannone, J.C., Teología de la liberación y praxis popular. Aportes críticos para una teología de la liberación, Salamanca 1976.

ders., Teología de la liberación y doctrina social de la Iglesia, Madrid-Buenos Aires 1987.

ders., Evangelización, cultura y teología, Buenos Aires 1990.

ders., Nuevo punto de partida en la filosofía latinoamericana, Buenos Aires 1990.

ders., u.a., Sabiduría popular, símbolo y filosofía. Diálogo internacional en torno de una interpretación latinoamericana, Buenos Aires 1984.

Segundo, J.L., De la Sociedad a la Teología, Buenos Aires 1970.

ders., Liberación de la teología, Buenos Aires 1975.

ders., El hombre de hoy ante Jesús de Nazaret, I: Fe e ideología; II/1: Historia y actualidad. Sinópticos y Pablo; II/2: Historia y actua idad. Las cristologías en la espiritualidad, Madrid 1982.

Sobrino, J., Cristología desde América Latina (Esbozo a partir del seguimiento del Jesús histórico, México 1977.

ders., Resurrección de la verdadera Iglesia. Los pobres, lugar teológico de la eclesiología, Santander 1981.

ders., Jesús en América Latina. Su significado para la fe y la cristología, Santander 1982.

Trigo, P., Creación e historia en el proceso de liberación, Madrid 1988.

Namenverzeichnis